NF文庫
ノンフィクション

最後の震洋特攻

黒潮の夏 過酷な青春

林えいだい

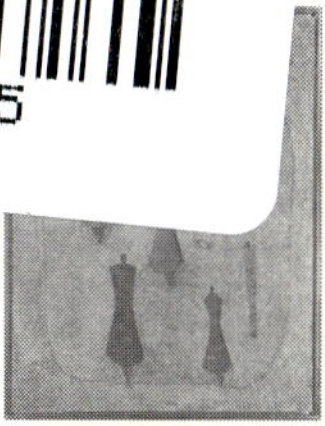

潮書房光人社

最後の震洋特攻——目次

第三章——出撃命令

写真提供／著者

特攻兵器〝震洋〟——艇首に250キロの炸薬を搭載したベニヤ板製の小型ボート

緑のペンキ塗装から通称〝青蛙〟と呼ばれた震洋艇の操縦席

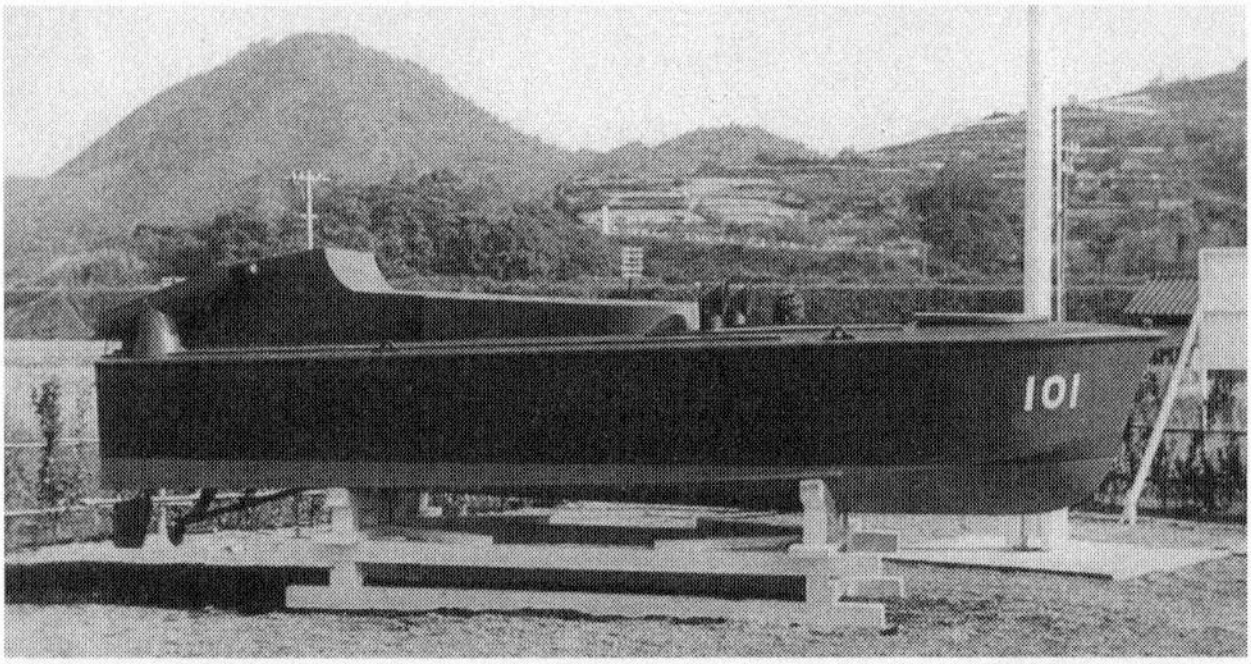

隊員が震洋艇の教育を受けた、長崎県の川棚魚雷艇訓練所跡の震洋艇のレプリカ

震洋艇のエンジン(写真)は、トラック用のものをそのまま転用した

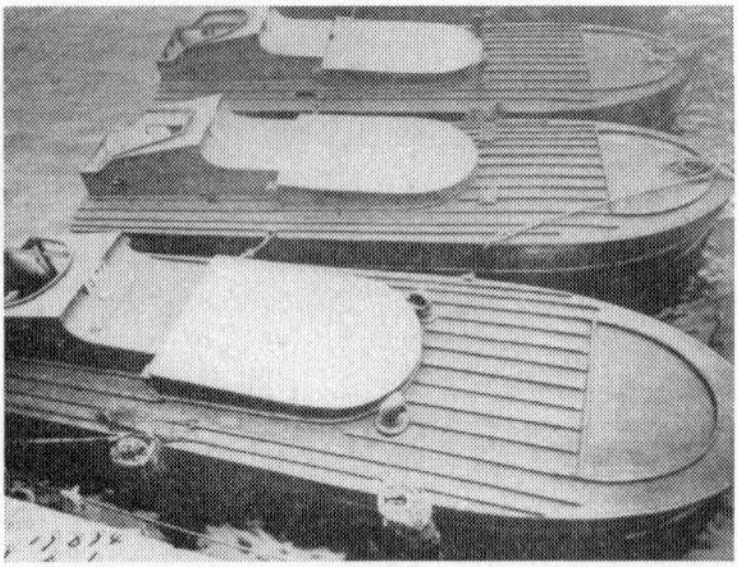

震洋艇は敗戦までに、一人乗りの一型、二人乗りの五型をあわせて約6200隻が建造された

編隊航行中の震洋艇。訓練は湾内ばかりで、搭乗員は荒海への出撃に不安を抱いた

写真提供／雑誌「丸」編集部・米国立公文書館

最後の震洋特攻

黒潮の夏 過酷な青春

序章——潮騒の音

沖縄失陥以後、米軍の日本本土上陸は時間の問題だと言われた。上陸地点としては九州南海岸と四国南海岸が有力視され、大本営は決号作戦のもとに防衛態勢を強化した。九州と四国の海岸線には、陸海軍ともに大軍を投入し、陣地を構築して待機した。

ところが、戦力となるはずの航空機は、比島と沖縄作戦で消耗してしまい、米軍を邀撃《ようげき》するだけの戦力はなかった。戦艦大和の沖縄特攻に失敗、連合艦隊は壊滅状態に陥り、本土防衛は全くの無防備に近い状態だった。

追い詰められたわが軍は、最後の手段として特攻兵器の開発を急ぎ、本土決戦に備えて海軍は震洋艇を全国に配備した。

米が原子爆弾、独がVⅡロケットという時代に、日本は自殺ボートと米側から嘲笑された震洋特攻艇など、すこぶる原始的な兵器を生産して対抗しようとしていたのである。

米軍の侵攻に対して比島と沖縄の一部で震洋特攻隊は成功したが、米側の防衛体制が整備されると、艦船に接近することすら困難となった。最初の計画では一艇隊十二隻が出撃して、一隻が体当たりに成功すればよいと計画されたが、それはあくまで期待であって戦果は望めなかった。米軍の航空機の攻撃、軍艦からの砲火を掻《か》い潜《くぐ》って突入することは不可能と言われた。

震洋艇はトラックのエンジンを装着したベニヤ板製の小型ボートで、艇首に二百五十瓩《キログラム》の炸薬を搭載していた。船体には緑色のペンキを塗っていたので、隊員たちは通称〝青蛙〟と呼んでいた。一人乗りは一型艇、二人乗りを五型艇と呼んで、敗戦直前には主に五型艇のみを生産した。

戦局が緊迫した中で本土空襲がひどくなり、軍需工場が被爆して飛行機の生産が不可能になった。操縦士の不足を補うために大量の予科飛行練習生（以後、予科練と呼ぶ）を大量に募集した。彼らは入隊したものの飛行機とガソリンの不足で十分な訓練を受けることができなかった。予科練を繰り上げ卒業したが搭乗する飛行機がなく、宝の持ち腐れとなった。そこで登場したのが特殊兵器の震洋艇で、彼らを特攻隊員として搭乗させることに決まった。

乙種予科練に入隊した時の年齢は大部分が十五歳、卒業しても十七、八歳という、特攻隊要員としては弱年である。彼らは特攻隊員になるために予科練に入隊したわけではない。あくまで飛行士になるために予科練に入隊したのである。海軍指導部は苦肉の策として、当時の戦況を述べた上で、特殊兵器を開発したので志願者を募ると、巧妙な方法で募集している。

予科練の甲種と乙種では特攻志願については若干の違いはあるが、どちらも志願せざるを

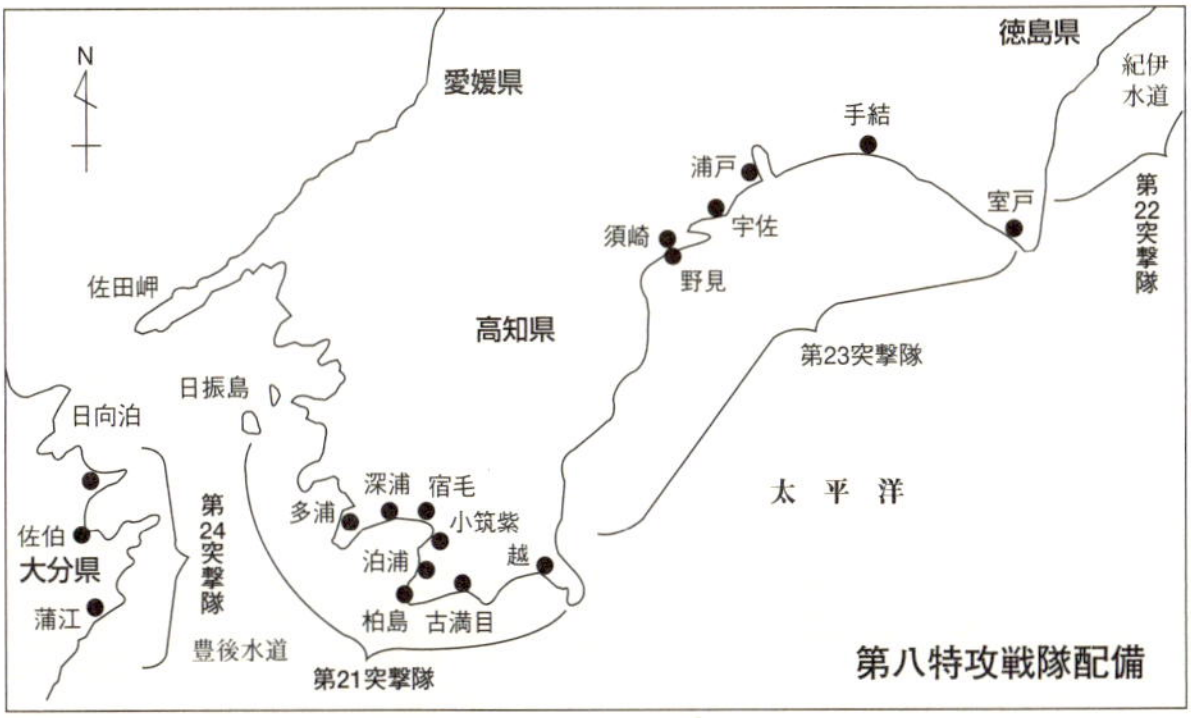

第八特攻戦隊配備

えない状況に追い込まれている。

具体的な特殊兵器のことには触れずに、彼らは長崎県の川棚臨時魚雷艇訓練所に到着して、初めて震洋艇ということを知るのである。われわれの死に場所はこれか、心の動揺は隠し切れなかったようだ。不満があっても抗議することもできず、大村湾内での訓練に励んだ。

震洋艇の操縦士であるが、飛行服と半長靴を与えて不満を反らし、搭乗員と呼ぶことで、彼らの面目を保たせようとした。

最初の特攻隊要員は、横須賀魚雷艇訓練所で教育を受けた。軍港内では艦船の往来が激しいので、大村湾の川棚臨時魚雷艇訓練所へ移った。二ヶ月の訓練が終わると、父島、比島、沖縄などの震洋艇基地に派遣された。

比島から大陸へ向かって北へ流れる黒潮に沿って、百十三の震洋隊基地が作られた。一基地の隊員は百七十名から百八十名、本部隊員、搭乗員、整備員、基地隊員で構成されていた。格納壕の構築が急がれ、基地隊員が先発して壕掘りの作業を始めた。

震洋隊の任務は、敵の上陸作戦で海岸に接近する艦船に対して、水際で体当たりの特攻攻撃をかけることである。戦艦とか巡洋艦、駆逐艦などの戦闘艦よりも、むしろ輸送船を狙う目的であった。

日中の出撃は敵に発見されて集中砲火を浴びる危険性があるので、夜間攻撃に限られた。川棚臨時魚雷艇訓練所では、大村湾内でのおだやかな海上での訓練ばかりで、東支那海での外海の実習はほとんど受けていない。一部の搭乗員が、卒業記念に佐世保港に遠征しているだけである。太平洋の暗黒の荒海の中を、震洋艇で夜間出撃が可能なのか、搭乗員のほとんどは不安を抱えていた。日中は敵グラマンの攻撃を恐れて訓練ができず、夜間こっそり湾内で懐中電灯を合図に編隊訓練をした。

七、八月になると、沖縄を中心に敵機動部隊の動きが活発となり、北上して日本列島の南岸沿いにある飛行場、軍需工場を猛爆した。

九州、四国の沿岸にはグラマンの集中攻撃、飛行艇の攻撃、潜水艦の浮上攻撃と、敵上陸の兆しが見えてきた。四国の震洋隊基地は臨戦態勢となり、日に日に危機感が募っていった。

八月十五日、天皇の詔勅は手《て》結《い》基地の第百二十八震洋隊に大混乱をもたらした。死ぬことを前提に出撃命令を待っていた搭乗員は、日本の敗戦が信じられず、ただ茫然として夜を迎えた。

「神国日本は絶対に負けることはない。それは敵のデマだ。われわれは最後の一兵まで戦うぞ！」。酒を飲み始めるといっそう興奮した。一度も敵と戦ったことのない震洋隊の搭乗員は、負けた実感が湧かないのだった。夜が明けるまで痛飲して、住吉神社の境内に行き、軍刀で雑木を切り倒す者もいた。

感情の赴くままに戦争続行を叫んだものの、二日酔いの頭を冷やすと平常の気持に戻った。手結に駐屯していた陸軍の四国防衛隊が除隊を始めたことを、いち早く陸戦隊が知って、それが搭乗員に伝わった。陸軍と海軍は組織が違っても、一方が除隊しているとなると心理的動揺は起こる

十五日の夜、年配の基地隊員が戦争が終わったことを家族に電話して、すぐ帰ると話しているところを搭乗員に発見され、ひどいリンチ事件が発生した。

そういうことも含めて、搭乗員の心の中では戦争続行の決意が揺らぎ始めた。自分たちの気持と別なところで、世の中が大きく動き出していることに不安を持った。

十六日になっても、海軍では軍令部からの停戦命令が、下部組織の手結基地には届いていなかった。

無気味な静寂が、搭乗員のいらだちを募らせた。そこへ土佐湾で敵機動部隊北上中の情報が入ったのである。手結基地から見れば真っ正面の海域で、いよいよ敵上陸が始まるかと、沖の波一つが敵艦船に見えるほど緊張した。

須崎の第二十三突撃隊本部から第百二十八震洋隊に下令したのが、「出撃命令」なのか、「第一警戒配備」なのか、いまだに不明である。いずれにしても、命令次第で出撃しなければならない。第一警戒配備であっても、出撃命令と同じ意味を持つのである。

しかし、搭乗員の中には、天皇が戦争終結を宣言しながら、なぜ戦わなければならないのか、との素朴な疑問はあったはずである。

搭乗員は複雑な思いにかられながら、特攻出撃の心の準備をしたのである。天皇の敗戦宣言と出撃命令の矛盾を抱えながら、止むをえず身辺の整理をして、死出の旅への軍装を整えた。

手結基地の格納壕から海岸までは距離があって、爆装、燃料の入れ替え、バッテリーの充電、エンジンの調整など相当の時間がかかった。

午後七時頃、出撃準備をしていた二十五隻の震洋艇のうち、一号艇が火災を起こした。燃料タンクが爆発したので、消火のために震洋艇を海に沈めようとしたところ大爆発を起こした。残る全艇が次々と爆発して、百十一人が爆死した。

同じ午後七時頃、柏島基地の第百三十四震洋隊の格納壕の中でも、震洋艇の爆発事故があり、一人の整備員が吹き飛ばされて火傷を負った。特攻基地の爆発事故はすべて軍機密で、公《おおやけ》になることはなかった。

戦争が終わった翌日の大爆発は、周辺の住民を恐怖と不安に陥れた。と同時に敗戦の翌日になぜ出撃しなければならなかったのか。住民には納得がいかないことだった。遺族は、誰が出撃命令を出したのか爆発の真相が分からないまま、戦後六十数年、無念の思いで過ごしてきた。

敗戦のどさくさで政府は原因調査をすることなく、基地の部隊長と関係者も口をつぐんで一切語ることはなかった。部落住民に死傷者がなかったことは幸いであったが、爆発によって付近の民家は大きな被害を受けている。

同じ時刻に手結と柏島で爆発事故が発生したのは、誰かが故意にやったのではないか、私は疑問を持った。

柏島基地の第百三十四震洋隊と越《こえ》基地（土佐清水市）の第百三十二震洋隊の両基地で、八月十五日の敗戦の日に搭乗員が震洋艇に乗り込んで、沖に出て集団自決しようと計画したことを私は知った。その翌日の手結基地の爆発事故は、一連の自決騒ぎの一環ではないかと考えた。敗戦の衝撃で、搭乗員が自決の道を選ぼうとしたのではないか、と仮説を立てて取材を始めた。

四国の震洋隊基地は、敗戦の混乱から高知航空隊、室戸見張所の誤報に振り回された。第八特攻戦隊による敵機動部隊の確認の不足が重なり、それらがすべて誤報であることが判明したのは十六日午後十時過ぎであった。誤報が誤報を呼ぶという、もっとも不運な悲劇を生んだのである。

コレヒドール島の震洋隊基地の爆発事故では百五十名が犠牲になり、その他の震洋隊基地でも爆発事故や火災事故が発生したが、その教訓は全く生かされなかった。そのことは震洋艇の構造そのものに欠陥があったことの証明である。

決号作戦の本土決戦に備えて、海軍省は特別査察官の海軍予備大将長谷川清に、兵器廠、鎮守府、航空隊を巡視させた。その結果、「自動車の古いエンジンを取りつけた間に合わせの小舟艇が、特攻兵器として、何千何百も用意されているのであります。そのような簡単な機械を操作する年若い隊員が、欲目に見ても訓練不足と申すほかありません」と報告している。

重大なことを指摘しているにもかかわらず、長谷川の報告は無視された。明らかに欠陥と分かりながら、特攻艇として大量生産して、若き搭乗員を消耗品のように、最後の特攻作戦に投入した海軍指導部の責任が問われるのである。

犠牲になった若者はもちろん、遺族の口惜しさは如何ばかりであろうか。

黒潮が叩きつける土佐の住吉海岸には、今年も暑い夏がやってきた。潮騒の音を耳にするたびに、無念の思いを残して散華した兵士の叫び声が聞こえてくるようだ。

第一章——特殊兵器

(1) 憧れの七つボタン

二〇〇七年九月末、青森市の郊外にある八甲田山は、頂上は薄化粧だった。一九〇二年一月、八甲田山で耐寒雪中行軍中の青森第五連隊第二大隊二百十名が、猛吹雪のために遭難、百九十九名が凍死した悲劇の山である。

当時十六歳の小野一《はじめ》(81歳)は憧れの甲種予科練に合格し、青森県職員に引率されて、茨城県土浦海軍航空隊へと向かった。

家を出発する際には、町内の神社に集まった見送りの人たちへ、予科練入隊の決意を述べた。その感激がまだ胸のうちに熱く残っていた。故郷の青森、そして家族とはこれで別れになるかと、車窓に映る風景をじっと眺めていた。

小野が県立青森工業学校木工科に入学したのは、太平洋戦争が始まる一九四一年の春だった。父親の卯三郎が木工所を経営していたので、いずれは後継ぎにという思いがあったようだ。マレー半島コタバル上陸からシンガポール攻略、さらに比島、ジャワと、日本軍は破竹の勢いで東南アジアを占領した。シンガポール占領のニュース映画を見るために、小野は何度も映画館へ足を運んだ。学校には現役の配属将校が派遣され、教練が正課となり、世の中が軍事一色に塗り潰された。予科練や陸軍少年飛行兵学校に志願して、飛行士になることを夢見た。映画「燃ゆる大空」とか、「加藤隼戦闘隊」を何度も見に行った。飛行兵募集のポスターが街中に氾濫《はんらん》していた。

小野は甲種予科練第十四期であるが、同級生の中には、すでに第十三期で入隊した者もいた。彼らが七つボタンの第二種軍装の姿で帰郷すると、母校にやってきて在校生の前で予科練の体験談を話した。在校生は目を輝かせて聞いた。七つボタンの格好いい姿で街を歩くと、みんな予科練に憧れた。

同級生に会うと予科練の勇ましい話ばかりで、裏にある悲惨な実態には一切触れなかった。小野は長男であったが、予科練に行って飛行士になろうと決めた。

予科練生を帰郷させて母校訪問をさせたのは募集政策で、宣伝を兼ねていたのである。

在校生は魔術をかけられたように予科練熱に取り憑《つ》かれ、一人が志願すると言い出すと連鎖反応を引き起こした。

教練の教師が率先して志願を勧め、担任や体育の教師もお国のために尽くせと激励した。

しかし、戦争に批判的な教師の中には、予科練や陸軍少年飛行兵学校の厳しい教育と危険性を指摘する者もいた。それも少数派で、戦争末期になると口を閉ざして何も言わなくなった。

予科練熱に浮かれた学生たちは、そんな教師の意見など眼中になく時流に流されていった。小野もそのうちの一人で、両親に相談しないまま願書を書いた。

青森市内を駅まで見送りに行く町内会の人たち

級長だった彼には試験はそんなに難しくはなく、まもなく第一次試験の合格通知が届いた。長男を木工所の後継ぎと考えていた卯三郎は、合格通知を見て驚いた。
「お前、志願してまで軍隊に行くことはないじゃないか。いずれ二十歳になれば徴兵検査があって、兵隊に取られるんだ。わしは支那事変の時に出征したが、無事に帰れたのは運が良かっただけのこと。戦場で命を落とす者は数知れない」と言った。
祖父も軍隊を体験しているので、戦争の悲惨さを知り尽くしていた。軍隊の中で飛行士が一番危険で死亡率が高いと反対した。親族の者も予科練に反対したが、第一次試験に合格しているので、今さら取り消すことはできないと思ったようだ。
「しようがないなあ、我が子一人捨てたと思うしかない」

卯三郎は仕方なく小野の予科練入隊を認めた。

第二次試験は土浦航空隊であり、青森県内の第一次合格者が、夜行列車に乗って土浦へと向かった。

小野は工業学校から志願したので、「甲種飛行予科練習生」が正式な名称である。操縦士になるための教育と訓練を行なう航空隊なので、適性があるかどうかが選考基準であった。操縦士としての第一条件として目の検査があり、眼鏡をかけている者は真っ先に落とされた。

身体検査に合格すると、次は操縦士のための適性検査となる。三メートルの高さから飛び降りさせ、ふらついて倒れたりしたら不合格となった。回転椅子に座らせてぐるぐると回してから、止まるとその場に立たせた。目が回って倒れたりすると同じように不合格である。

甲種予科練の入隊式は、一九四四年四月一日土浦航空隊であった。入隊後一週間は軍隊に慣れさせるためにお客様扱い、それが終わると予科練生にとっては地獄のしごきが始まった。

予科練には甲種と乙種の二種類ある。甲種は中学三年程度の学力が必要だが、乙種は国民学校（小学校）高等科卒で志願できる。乙種予科練制度は、多数の優秀な搭乗員を養成するために、一九三〇年に創設された。

一九三七年に新設された「海軍飛行予科練習生制度」を甲種、従来からの制度を乙種と呼んだ。甲種よりも歴史が古く、第八期生から「乙種飛行予科練習生」となった。

一九四〇年になると、土浦海軍航空隊として独立し、予科練教育専門の練習航空隊となった。その後、予科練の大増員に伴って、三重海軍航空隊、鹿児島海軍航空隊などが次々と各地に開設された。

同じ土浦に甲種と乙種が同居していると、甲種のほうが入隊してから進級が早いこともあって、いろんな感情的な対立でトラブルが絶えなかった。

甲乙予科練の兵舎を分ける必要に迫られて、土浦航空隊の乙種予科練を三重県津市の三重航空隊に移すことになった。そして三重航空隊の甲種予科練を土浦へ移して、両者を分離した。

搭乗員の早期養成を急いだ海軍は、甲種予科練第十二期は二千名しか採用しなかったが、第十三期は二万名に増員した。予科練の先輩たちがどんどん戦死して人員不足となり、教育期間はさらに短縮された。

東京都墨田区在住の倉持信五郎（83歳）は、神田電気学校を卒業すると、明伝舎の研究所に助手として採用された。

倉持は一九四四年四月、明伝舎を退職して、甲種予科練に志願した変わり種だった。倉持の住所は墨田区であるが土浦航空隊へ、四谷区出身者は三重航空隊に入隊した。東京を東西に分けたわけで、北側から東北、北海道、樺太までが土浦航空隊へ、四国は松山航空隊、九州は鹿児島航空隊へと、出身地別に入隊場所が決まった。

土浦航空隊へ入隊した甲種第十四期は、二千七百人という大量採用をしている。全国的に見ると、一九四四年四月一日から十月十五日まで、約七ヶ月間、十次にわたり、練習航空隊、整備教育航空隊、海軍通信学校に入隊している。その人数は四万名を超えたのである。

倉持は「話には聞いてはいたが、海軍のしごきには痺《しび》れました。悔やんだがもう遅かった。辛いからすぐ家に帰るというわけにはいかない。命令して叩いて教育するのが海軍方式で、世間の常識が通用しない別世界だった。上官の制裁が毎日狂ったように続いた」と回想する。病人以外は普通に歩けないことを知った。二人以上集まるとすぐ駆け足をしなければならない。前方から上官がやってくると、いったん止まって敬礼しないと欠礼したと言って殴られた。

(2) 脱走

分隊の最初の編成替えが行なわれる頃になると、海軍式の訓練と罰直にも慣れて、隊内生活の要領が少しずつ分かってきて、上官に対する対応の仕方が身についてきた。しかし、中には要領の悪い者が何人かいて、徹底的に上官の標的となった。海軍名物の総員起こしがあって、真夜中でも叩き起こされた。単なる虐《いじ》めを通り越して陰湿であった。

それには理由がある。班長などは長い間かけてやっと下士官になるが、予科練は進級が早く、そのねたみもあった。

朝の点呼から言い掛かりをつけた。

土浦海軍航空隊に入隊した第14期甲種予科練(写真は上等飛行兵時代のもの)

「遅いじゃないか、何をしているのだ！」

集合が他の班よりも遅いと言っては殴りつけた。早く仕度をして飛び出ても、遅いと言われるとそれまでだ。

ある日、倉持信五郎が目覚めると、上のベッドで寝ている盛岡出身の一人の練習生が起きてこなかった。

「おい、早くしないと遅れると罰直だぞ」

返事がないので毛布を取ると蛻《もぬけ》の殻、練習生の姿はなかった。便所にしては長過ぎる。

倉持は便所に行ったついでに声をかけてみたが、中からは返事はなかった。班長に申告する時間的な余裕はなく、洗面すると駆け足で練習場へ行き整列した。

「前にならえ、番号！」と、当直練習生が号令をかけた。

「総員○○名、入室○○名、現在員○○名！」と申告した。一名だけ足りなかった。

それまで厳しい訓練と制裁に耐え切れず脱走した話は聞いていたが、倉持と同じ分隊の練習生が脱走したとなると、分隊全体の責任が問われる。

夜中に兵舎を抜け出して、練兵場のどこかで自殺しているのではないか。それらしき場所を分隊全員で探して回った。営門を掻い潜って隊外に出ることは考えられない。休日の外出先から脱走する前例はたまにはある。分隊全員で隊内を探し回ると外の分隊の目に止まって、脱走者が出たことが外部に知られてしまう。分隊の名誉にかかわることなので、何くわぬ態度をして目で追った。

しかし、練習生の捜索ばかりに時間をかけるわけにはいかない。次の訓練に支障があってはならないと、分隊長は捜索を打ち切って正式に本部に届けた。

古参兵の脱走となると、そう簡単に捕まることはない。僅か十五、六歳の若者が考える脱走の範囲は知れたもので、普通は生まれ故郷を目指すといわれる。

一週間後、脱走事件の大騒動も落ち着いて、練習生が成功したかどうかが分隊内で話題になる程度だった。当時、分隊士が各班の食卓を順に回り、練習生と一緒に食事をしていた。倉持が食卓番で全員の食事を盛りつけていた。

分隊長が側にやってくると、

「食卓番、あの練習生の食事を営倉まで持って行け！」と言った。

営倉まで食事を届けろと言うことは、軍によって逮捕されて、土浦航空隊まで連れ戻されていることの証明だった。

食事中の練習生は、箸を止めてお互い顔を見合わせた。彼は生きていたのかと、食堂内にざわめきが起こった。

倉持が食器を手に取ってご飯を注ごうとしたところ、「多い、半分でよろしい」と、分隊士が怒ったように言った。

航空隊の病院近くにある営倉まで、倉持は二、三度、食事を運んだという。営倉前の衛兵に食缶を渡して帰るだけで、中の練習生には会っていない。

その練習生の脱走事件は、土浦航空隊全体に知れわたった。「やったなあ！」と脱走したことを英雄のように讃《たた》える者がいた。一方、「練習生の恥さらしだ！」と、脱走を非難する声もあり、土浦航空隊内でしばらく話題になった。厳しい軍隊生活に耐え、誰もが脱走したいと思う経験を持っているだけに、ある共感を持って迎えられたのである。

倉持は戦後になっても、その練習生の脱走事件に興味を持って、行方を追ったことがある。盛岡出身の練習生の一人が言うには、彼は中学時代から不良で通り、暴力事件を起こした前歴があるということだった。短気なところがあって予科練にきてからも、上官の命令に反発して口答えするので、徹底的にしごかれていた。絶対服従の軍隊内で上官に反抗すれば、どういう結末になるか分かっていた。

他の教官たちも同じようにその練習生を敵視するので、脱走という最後の手段に訴えたというのだ。

軍隊では上官侮辱と脱走の罪は重いので、連れ戻されてひどい仕打ちを受けたであろうが、軍法会議にかけられた話は聞いたことがない、と倉持は言った。

その練習生の同郷だった同期生に、倉持はその後の消息をたずねたことがある。

「夜間堂々と七つボタンの軍装で、土浦駅から乗車して盛岡まで帰ったとのことだ。親しい友人の家にかくまってもらったが、迷惑をかけるといかんと言って自首したらしいんだ」

練習生が十六歳だったこともあり、志願免除という形で放免されて、故郷に帰されたという。軍隊からの脱走は命がけで、銃殺を覚悟の最後の抵抗ではなかったかと倉持は言うが、当時としては勇気のある行動であった。

脱走事件が世間に広がると、予科練に志願する者がいなくなることを恐れて、海軍当局は相当神経を使ったであろう。

(3) 赤トンボ

品川駅南口から千葉県木更津行きの高速バスが出ている。高層ビル街をしばらく走ると、東京湾の下にある海底トンネルに入った。ライトが車窓をよぎる中を一時間も走ったであろうか、急に明るくなると、朝靄《あさもや》の中に千葉臨海工業地帯の工場群が姿を表わした。埋立地のような殺風景な街並みを過ぎると、JR木更津駅前に着いた。

木更津駅前の喫茶店で神保公一（81歳）と会った。神保は高知県香美《かみ》郡（現香南《こうなん》市）夜須《やす》町《ちょう》にあった、手結《てい》基地の第百二十八震洋隊（竹中清作部隊長）の搭乗員で、一九四五年八月十六日の爆発事故を体験した数少ない生存者の一人である。

戦後、手結震洋隊基地から復員すると、神奈川県警の警官となり、警察大学校を卒業したエリートで、退職前は警視正で鎌倉警察署長を最後に退職している。長身で白髪の好紳士に見えるが、ずっと刑事畑を歩いたというだけに非常に手ごわい相手だった。

神保は六人兄弟の長男で、一九四一年三月、川崎市内の国民学校の高等科を卒業すると、自動車の部品メーカーの東京機器工業に臨時採用された。

太平洋戦争が勃発すると、日本国中は緒戦の勝利に湧き返った。陸軍は隼、海軍は零戦が戦場で敵と戦うニュースを見て感動した彼は、乙種予科練を志願した。川崎市内で五名しか合格しなかったというから、相当の難関を突破したことになる。

「兵籍、横四四五九四七、横須賀鎮守府採用の乙種飛行予科練習生です」神保は大声で言った。

土浦航空隊に八百名、三重に七百名を採用している。乙種第十九期の入隊は一九四二年十二月一日、神保はまだ十六歳だった。

本格的な予科練習生の教育が始まる前にもう一度身体検査があって、約二百名は不適格として振り落とされたという。

中隊の下に八個小隊があって、一個班が十七、八名となる。

一般学科と教練、軍学を交互に行なうが、まず集団生活に慣れさせるために、徹底的に体を鍛えた。上官に対して絶対服従、反抗的な態度を取ったり隊内の規律を守らない場合は、激しい罰直を受けた。

カッターの訓練は特に厳しく、他班との競争試合に敗れると班長の機嫌が悪くなる。「お前たちは何だ。精神がたるんでいる！　叩き直してやる」と言って、バッタで気合いを入れた。

そのほか両手を前に突き出させ、尻を棍棒《こんぼう》（精神注入棒という）で殴るのは、海軍の罰直の一つであった。全体的には共同責任ということであるが、それはグループ意識を育てる狙いもあった。

夜は九時消灯、朝は六時半に起床ラッパの合図で起こされた。飯の早食いも訓練の一つで、一般社会の常識は初日から叩き壊されていった。

夕食後には巡検といって、士官が各室を回ってくる。その後、「煙草盆出せ」という奇妙な時間があった。軍艦内での生活習慣をそのまま持ち込んでいた。しかし、練習生にとっては休憩する時間はなく、その日一日の講義を復習しなければならなかった。甲種に比べて学力が低いので、追いつくために必死で努力した。講義を受けると数日後には必ず試験があって、どの程度理解しているかを試された。

特に通信になると、一個でも文字を間違った場合には、特に棍棒の罰直が待っていた。時間があると指先でキイの打ち方を練習した。兵舎の中で電灯のある通路や、便所の中で教科書を開いて学習した。

試験のたびに成績表が順位をつけて張り出されるので、どうしても全員の競争となった。成績次第で操縦士になれるかどうか決まるので、時間を惜しんで猛勉強をした。

赤トンボと呼ばれた九三式中間練習機の前に整列する鈴鹿航空隊の練習生

入隊三ヶ月後、念願の赤トンボ練習機に乗ることになった。神保が前の操縦席、教員が後席に座った。両方の操縦桿は連動しているので、初心者でも飛ぶことはできた。

夢にまで見た飛行機の操縦、その感激のために神保は緊張して手足が硬直してしまったという。

「筑波山に向かってヨーソロ！」

教員の声を復唱しながら操縦するが、教科書どおりにはいかなかった。プロペラが回転しているので、機体は真っ直ぐには進まない。

気が付くといつのまにか、視界から筑波山が消えていた。気流に巻き込まれると慌《あわ》ててしまい、位置を確かめようとして、頭の中はパニック状態になった。

「何をやっているんだ！　馬鹿者が」

後席から教員の棒が飛んできた。

約十分間の飛行だったが、幼い頃からの夢が叶えられたと感激した。反面、飛行機の操縦の難しさに度肝を抜かれた。

赤トンボの演習飛行は、操縦士としての適性を見るもので、数日後に発表があって、神保は偵察分隊に編入された。

土浦航空隊での練習生は、三年間の基礎教育が終了すると、正式の飛行練習生となり、各地の航空隊に移って本格的な教育を受ける。

もともと土浦は、乙種予科練のメッカと言われた。甲種予科練が同居するようになって、両者の間でいろんなトラブルが起こったことは前述した。

乙種は十五歳で入隊しても、徹底的に鍛えられることもあって、肉体的にも精神的にも成長している。体格はぐっとよくなり、甲種に比べて決して引けを取ることはない。むしろ甲種よりも早く入隊して、軍隊の飯を食ってきたという自負もある。軍隊では昔から階級よりも飯の数と言われ、多くの経験を積んだほうが上と見られた。

甲種は学歴が上というだけで乙種の練習生を見下すような面があり、そうした差別意識が隊内でいろんなトラブルを生んだ。対抗意識がエスカレートして、喧嘩が絶えず大問題になった。隊内ではこっそりお互いの兵舎に殴り込みをかけたり、歩いている時に突然殴りかかったり、目に余るようになった。両者のいがみ合いが続くので、海軍指導部としては放置できなくなった。

本土決戦が目前に迫って、練習生が内部対立すると海軍全体の崩壊に繋《つな》がり、作戦が遂行不能になるという危機感から、当局は解決策に乗り出した。

三重航空隊には甲種予科練も入隊していたので、それを全員、土浦航空隊に移転させ、土浦航空隊の乙種予科練を三重航空隊に合流させることにした。大移動の計画が表面化すると、土浦出身の乙種予科練の先輩たちが真っ先に反対した。土浦はもともと乙種発祥の地で、長い歴史と伝統があると主張し、練習生自身も三重航空隊には合流しないと険悪な空気となった。

上層部が政治的に決着させて、両者の交替は強行された。抵抗勢力は軍の方針に従うしかなかった。神保たちは口々に不満を漏らしたが、止むをえず三重航空隊へ移転した。この交替劇は、練習生の間に深いしこりを残した。

将来震洋隊が編成されるに及んだ時、甲種と乙種出身者は、同じ震洋隊には入れることを避けたという。

一九四三年秋、神保たちは土浦航空隊から三重航空隊のにわか造りのバラック建て兵舎に移った。練習生の教育は、土浦航空隊の延長であるが、搭乗する飛行機はなく、操縦訓練の見通しは全く立たなかった。最初希望していた飛行機搭乗員の夢は日に日にしぼんでいった。

(4)　特攻は志願か命令か

甲種予科練の募集は、第十六期が最後である。甲種予科練を終わると、本科の飛行練習生の期間は十ヶ月である。しかし、実際に飛行機に乗れたのは第十二期まで、それも一部のみであった。

小野一たち甲種第十四期は、入隊一年後の一九四五年三月、予科練教育は当分の間中止となり、一応卒業ということで転科させられることになった。主に震洋隊や陸戦隊に配属されることが、海軍の指導部で決められていたようだ。

六月一日には予科練の教育が全面停止となり、搭乗員になる夢は完全に消えた。陸海軍とも末期的症状で、搭乗員を養成しても、乗る飛行機とガソリンがないという絶望的状況に陥っていた。

土浦航空隊の甲種第十四期の二階堂清風（81歳）は、著書『海の墓標―水上特攻震洋の記録』の中で、特攻隊に志願した時の状況を次のように記している。

「昭和二十年の三月上旬のある夜、不意に総員集合が下令された。課業外の夜に集合が掛かるなんて穏やかではない。何事ならんと四列横隊に整列するや、分隊長以下分隊士、班長など全員が粛々と現れ、ただならぬ重々しい雰囲気。第十三分隊長手嶋富三郎が一同を一瞥《いちべつ》した後、長々と戦局の逼迫《ひっぱく》した現状を説き、暫《しば》しの間をおいて、再び重い口を開いた。

『只今から特別攻撃隊要員を募る。しかし、他言無用。どういう任務に就くのか、何に乗るのか、いまは言えない。ただ生還は期し難い。九死に一生もない。よくよく考えて態度を決定せよ……』

暫しの猶予が与えられた。沈黙と葛藤《かっとう》、暗黒の絶体絶命的な環境の中で、無情にも時が刻まれていった。森閑《しんかん》とした夜の兵舎の中で、自分の鼓動が聞こえて来るようであった。

『希望する者は一歩前に出よっ！』

一段と鋭く大きな声。全員がザッと靴音も高らかに一斉に前に進んだ。だが、これは必ず

第19期乙種飛行予科練習生が三重航空隊に入隊した際の記念写真

しも本心ではなかった。その裏には若《も》しも自分が出なかったとしたら、後の者が出たくても出られない。いや、それより何より、前に出なかったら、目を皿のようにして我々の動向を窺《うかが》っている、建て前は兄であるべき鬼の班長（教員＝下士官）たちに、後で何をされるか、何を言われるか分からない。

彼等はよくて高等小学校しか出ていない。そこへ我々のような中学出身の予科練が入隊して来て、トントン拍子に階級が上がっていくため、その鬱憤《うっぷん》を晴らすかのように、殴る、蹴る、叩くの横暴を極める。それらのほうが怖かった。

一歩前に出なかったために、それをネタにして後でネチネチと心を抓《つね》られ、挙句《あげく》の果《はて》殴られ、叩かれたりするよりは、どうせこの戦況。

『散る桜、残る桜も散る桜』

早いか遅いかの違いだけ。考えるまでもなく一歩前に出た。

これが『予科練』（軍隊）という世界の生活の実態であり、特別攻撃隊員を志願させられた一部の実情だが、特別攻撃隊員は、本人の希望意志による志願者として扱われたのである。

三月十五日、同期生約二、三六〇名の中から六〇〇名の者が選抜された。その中に私の名前もあった。選考基準、その過程は不明ながら妻帯者、一人息子、長男、一人っ子は除外されたという噂が流れた。

私は四人兄弟の三番目で次男坊。特別攻撃隊要員（消耗品）には打ってつけの条件であったらしい。同時に予科練習課程を卒業。それから特攻訓練基地へ出発までの一週間余は、『特班』と呼称され、一般と隔離されるような形で別兵舎に移された。すると途端に〝生き神様〟扱い。軍隊が娑婆《しゃば》に一変し、鬼の目にも涙のたとえ。流石《さすが》の鬼軍曹の班長たちも本当の兄らしく、そして〝仏〟のように変貌した」

二階堂の前期の甲種予科練は、どういう志願の方法を取ったのであろうか。甲種第十二期の荒井志朗に当時の話を聞いてみた。

土浦航空隊の予科練を卒業して、本科に行く直前に全員が格納庫に集められた。司令が戦局を話した後、厳しい表情で全員を見つめた。

「新兵器ができた。それは特殊任務で、生還は期し難いものだ。志願する者は応募せよ」と、おもむろに切り出した。新兵器と言うだけでそれが何なのか、一切説明しなかった。

そして「熱望する」「希望する」「希望しない」の三つのうち、いずれかを書いて分隊長に提出せよと言った。

「熱望する」「希望する」「希望しない」の三つの設定は、あくまで志願であって強制ではないことを示そうとしたもので、極めて巧妙な方法である。予科練生にとってはまさに一種の踏絵で、「希望しない」と書くのは、「熱望する」と書くよりも勇気が要《い》ったのである。さらに「希望する」と書けば、賛成はするが希望しないと消極的に取れて、まだ迷いがあると判断されかねない。

「希望しない」と書ける雰囲気ではない状態に追い込まれた。

「希望しない」と書いた者はいなかったのではなかろうか。「たとえ書いた者がいても、それは無視されたでしょう」と荒井は言った。

戦局の不振を特攻作戦によって挽回しようとしたことを、天皇の統帥命令は不適当と巧みに避け、志願という逃げ道を作った。

海軍指導部は、数万人の予科練生を募集して教育したが、実際には飛行機もガソリンも不足してもてあましたので、彼らを特攻隊に投入して、いわば死に場所を与えたと言わざるをえないのである。

(5)　血書志願

十七歳と言えば、現在の高校二、三年生で、特攻志願という人生にとって重大な決断をさせるには、まだ無理な年齢だった。だが予科練生として徹底した軍人精神を叩き込まれた彼らは、命を投げ出すことに何ら疑いを持たなかった。むしろ積極的に特攻隊に志願した。

特殊兵器についての練習生の受け取り方は、さまざまであった。国に殉ずる決意は堅くても、いよいよその場に直面すると、若いだけに心の動揺は隠せなかった。そこで彼らが何を考えたのであろうか。

手結基地の第百二十八震洋隊に配属された神奈川在住の河西祿朗（82歳）とは、東京の高田馬場で会った。

「乙種練習生全員が剣道場に集められ、司令が日本が置かれている状況を話して、特殊兵器を開発したので応募しろと言った。用紙を渡された時に迷った。自分から死ぬことを申し出ることはないが、軍人として『希望しない』とは絶対に書けない。

それは衝撃的なことで、誰が何と書いたのか全く分からないからね。あっというまに『熱望する』と書いて分隊長に提出した。

あの頃というのは、死ぬことを恐れないような気合いの塊《かたまり》だったからなあ。気概というか、いつでも死んでやるぞ、と覚悟ができとった。

批判精神というか、疑うことを知らなかった。そしてひたすら死ぬことを大義に生きると考えていた。生と死の極限に立たされていたことを自覚しなかった。当時に受けた教育のせいなんだろうか」

新潟県出身の宮田昭一（81歳）とは、東京板橋の自宅で会った。

「千八百名いたろうか、全員が剣道場に集められた。大佐の司令は新兵器が開発されたので、それに搭乗する者を募集すると言うのだった。これで飛行士の夢は完全に消えてしまった。

司令は新兵器が何なのか、具体的なことを言わなかったが、特攻隊だけは間違いなかった。いよいよくるものがきたか、みんな無言で兵舎に帰った。顔を見ただけで深刻に受け止めていることがよく分かった。

本心は飛行機に乗りたいので×をつけたいが、それは誤解される恐れがある。希望するに○をつければ一番無難な意志表示と考えた。是非とも◎をつけて提出するほどの決意はない。みんなは口には出さないが、心の中では迷ったのではなかろうか。形式的に志願の方法を取っただけで、結果的に×をつけた者の意志が生かされたかどうかは疑問だ。すべてが極秘のうちに行なわれたからね。司令は全員が特攻隊を志望するものと決めているから、何を書こうと結果は同じだ。

飛行機に乗れなくなったのが口惜しくて、裏切られたという気持でむしょうに腹が立った。新兵器なるものの正体が〝青蛙〟と呼ばれた震洋艇だと知ったのは、長崎県の川棚に行ってからだ」

手結基地に配属された神保公一は、血書をしたためて志願したと言いながら、右手の人差し指を私の目の前に広げた。その時の傷が指に刻まれていた。

「第十九期の練習生を前にして、三重航空隊の司令は、皇国の興廃はこの一戦にあり。特殊な新兵器は一死一殺で、生還を期する考えは抜きにして生産された兵器である。十分考えた上で分隊長に提出せよと言った。

志願の用紙を渡された時、私はわが意を得たという気持で、やるぞと体中が燃えた。死ぬことは最初から覚悟の上だし、心の動揺は全くなかった。新兵器でどかんと体当たりして、潔《いさぎよ》く散りたいと思った。

私は男として志願するのに◎では真意が届かない。提出する限りそれは血書だ。それが自分の決意を示せる唯一の方法だと思った。最初から血書と決めているので、人に相談する必要はない。剃刀を右手の人差し指に当て、背筋を伸ばして刃を引いた。傷が浅かったのか、血がしたたり落ちたが、書けるほどの量には達しなかった。

もう一度気合いを入れて切り直し、〝決死〟となぐりつけるように書いた。分隊と名前を書いたが、白布に血が滲んでしまった。これで軍人としての魂が入ったと、感激して分隊長に差し出した。

出血がなかなか治まらず、血止めの包帯を巻いたが、今度は傷が治らずにしばらく困った。分隊内で数人包帯を巻いている練習生を見たので、彼らも私と同じように血書志願をしたのであろう。

封建時代の武士の血書と同じで、ゆるぎない自分の意志の表れを示したもので、決意を示す最高の方法だった」

(6) 震洋艇

ガダルカナル島争奪戦における米軍の戦略は、その後の戦闘の在り方を示したものとして注目したい。次に上陸したニューギニアでも、徹底的な空爆と艦砲射撃によって、海岸のジャングルを丸裸にして、日本軍の抵抗を沈黙させてから大船団による上陸を敢行した。圧倒的な火力の前に日本軍は、奥地へと追い詰められた。それは後の比島作戦、沖縄作戦も同様であった。

制空権と制海権を失うと、日本軍は後方補給の輸送作戦が困難となり、完全に孤立してしまった。やがて始まるであろう米軍の本土上陸作戦に備えようとしたが、邀撃《ようげき》を期待された飛行機は絶望的であった。最後の手段として、大本営は国民総特攻を考えるようになった。

資材不足の上に敵機の空襲は激しさを増し、短期間の新特攻兵器の開発と生産には限度がある。敵上陸前に敵艦船を水際で撃沈する兵器はないか。資材が容易に手に入り、短期間で完成できるものでなければならない。

そこでモーターボートに爆薬を搭載して、敵艦船に体当たりする戦法が、海軍省において本気になって論じられた。

モーターボートであれば、大量生産が可能である。特攻隊要員としては、予科練で訓練を受けた練習生を短期間の訓練で大量に投入できると考えた。

陸軍では船舶工兵暁《あかつき》部隊を中心に、㋹《まるれ》という水上特攻兵器が生産された。

海軍では一九四四年四月、艦政本部と航空本部に対して、㊀《まるいち》から㊈《まるきゅう》までの計画開発が提案され、「金物《かなもの》」という秘匿《ひとく》名称をつけ兵器の開発に取り組んだ。

水上、水中特攻座談会資料『救国特攻兵器（震洋編）』に、次の新兵器が開発されたことが紹介されている。

㈠金物
潜水艦攻撃用小型潜航艇で、艇首に衝撃用の銛《もり》をつけ、潜行したまま敵潜水艦に衝突し、これを撃沈させようとしたものだが、敵潜水艦の確実な捕捉法が求められず、実用化されなかった。
㈡金物
対空攻撃用兵器で、電球と高々度用の対空ロケットの組合せ。
㈢金物
従来のS金物と可潜航魚雷艇が初期方針であったが、SS金物に変更し、艇首に爆薬を装着し体当たりする方式にし、量産に入り、それがのちに「海龍」となった。
㈣金物
船外機付衝撃艇として研究されたが、結局、自動車エンジン使用の木合板製の滑走艇とし、艇首部に爆薬を装備し、敵艦艇に衝突するようにしたもので、のちに「震洋」と呼称された。
㈤金物
自走爆雷。
㈥金物
人間魚雷で、すでに試作実験されていた九三式魚雷をそのまま利用した一型が量産態勢に入っていたが、さらに拡大型の四型も計画された。のちに「回天」と名づけられた。
㈦金物

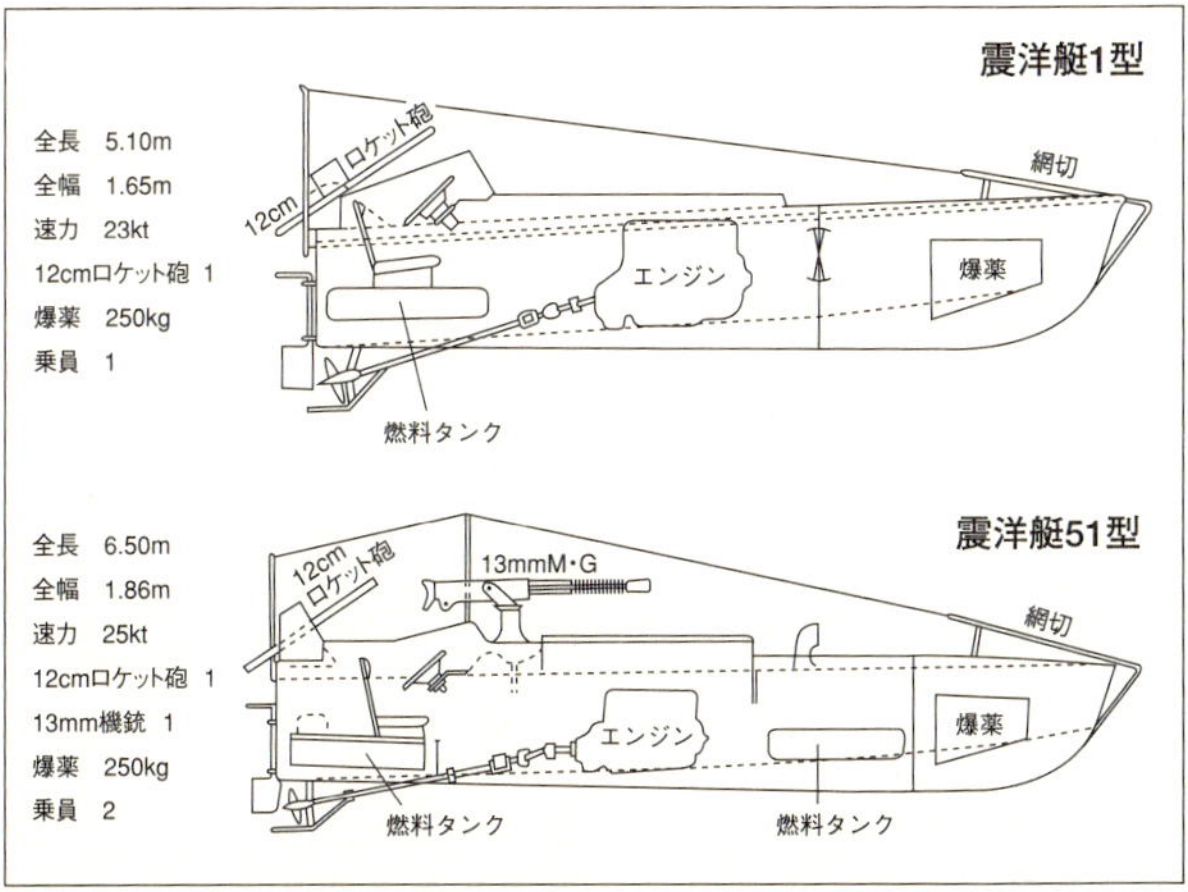

電探関係の小型高性能化。

㊇金物

電探防止や超音波探信関係の兵器。

㊈金物

特攻部隊用兵器で、特に超小型の潜水艇で、艇首に搭載した爆薬を、敵艦船の船腹や船底に貼り付けた後に退避させるもので、「震海」と呼ばれたが、試作のみで終わった。

結局、本格的に兵器として建造配備されたものは、㊂の「海龍」、㊃の「震洋」、㊅の「回天」だけであった。これらの特攻兵器も一応は脱出方法を考慮したが、「回天」は脱出装置が完成しておらず、また「海龍」や「震洋」も実際には不可能であり、用兵上からは完全な特攻兵器であった。

一九四四年八月末、㊃金物が完成した。特攻部長の大森仙太郎中将が「震洋」と名付けたと言われている。明治維新の頃に「震洋」という軍艦があって、それから取ったという説もあるが、敵艦を撃沈して太平洋を震撼させる意味だと伝えられている。

震洋艇の外装を鉄製にする計画であったが、重量が増えるということで取り止めた。結局、ベニヤ板製のボートで、トラックのエンジンを使用した。一九四四年三月から設計に着手して、海軍記念日の五月二十七日に試作品が完成した。一型艇は全長五・一メートル、重量一・四トン、六十七馬力、速力二十三節《ノット》、一人乗りの特攻艇である。

その後、一型艇の改良を重ねて、全長六・五メートル、重量二・四トン、六十七馬力のエンジン二基で、計百二十四馬力、速力三十節の五型艇を完成させた。

一型、五型艇ともに艇首に装着する炸薬は二百五十瓩《キログラム》で、その破壊力は相当な威力があると言われた。

しかし、それは敵の防禦網《ぼうぎょ》を突破して、体当たりに成功した場合のことで、関係者の中には震洋艇の構造上、特攻艇としての使用を疑問視する者もいた。震洋隊の特攻作戦を知らないうちは、米側は無防備で油断していたが、いったん攻撃されると艦船の周囲に木材を浮かべて防禦する対策を考えた。

厚さ七ミリのベニヤ板製の艇が猛スピードで疾走してきて、障害物に激突すると吹き飛んでしまう恐れがあった。たとえ夜間の奇襲攻撃であっても、シャワーのように撃ってくる砲火にさらされると、敵艦船に近付くことさえ不可能ではないか。

海軍指導部は、一艇隊十二隻を出撃させると一隻は体当たりに成功するだろうと、子どもの遊びのようなことを考えていた。それはあくまでも希望であって、実効性のない絶望的な観測であった。

震洋艇の大量生産は、所期の目標どおり成功して、敗戦までに一型、五型を併せ約六千二百隻が建造された。ボルネオのサンダカン、比島、小笠原諸島・沖縄など、まず米軍上陸に備えて配置された。

(7) 川棚臨時魚雷艇訓練所

列車の窓から見える風景は湖のようであるが、そこが長崎県川棚に広がる大村湾である。駅から湾沿いに歩いてバラック建ての兵舎に着くと、先発して訓練を受けていた三重航空隊時代の第十九期の仲間たちの懐かしい顔があった。川棚訓練所の訓練は二ヶ月なので、彼らはまだ訓練中であった。

兵舎の近くの岸には、緑色の小型ボートが百数十隻繋留されて揺れていた。

「これが俺たちの棺桶になる艇か……」

神保公一は、緑色で塗装した青蛙のような無気味な姿の震洋艇を、喰い入るように見つめた。同期生はそれが震洋と言う特攻艇だと説明した。

新開発した特殊兵器が、震洋艇であることをこれまで一度も聞いたことがない。ただ特攻隊の訓練と聞いただけで、特殊兵器とは何か知らされないまま川棚へきたのだった。何か裏切られた気持で、三月の暗い空を仰いだ。

九州の長崎は暖かいと聞いていたが、にわか造りの兵舎は隙間だらけで三月の風は冷たい。震洋艇の訓練は、最初のうちは横須賀軍港内にある魚雷艇訓練所で行なっていたが、軍港内での軍艦の往来が頻繁なので危険だった。大量の訓練が無理になり、急遽《きゆうきよ》、大村湾が適しているといわれ、臨時にそこで訓練することになった。

広大な面積の大村湾は、東支那海の外海から遮断されて、湾内の訓練の様子は見えない。波が穏やかな内海なので、初心者の震洋艇訓練には最適であった。

最初のうちは震洋艇に慣れるために、一型艇に五、六名乗ったが、そのうち一人で訓練した。飛行機の操縦と違って、トラックのハンドル操作と同じだった。しかし、震洋艇はベニヤ板製で弱々しく、岩礁にぶつからないようスピードを落とした。エンジン二基の五型艇になると、かなりのスピードが出た。佐世保軍港が近いので、敵グラマンの攻撃を避けて訓練は夜間となった。

五型艇はスピードが出て一型艇よりも安定感はあるが、最大の欠陥は故障が多いことだった。夜の荒海の中を猛スピードで突入することになるが、ベニヤ板製の震洋艇で目的を果たせるか、そのことを考えるたびに怒りがこみ上げてきたという。

飛行機の搭乗員から震洋隊に転科するに当たって、飛行服一式を与えられた。要するに飛行士になるつもりが震洋艇の搭乗員にされたことが、彼らには納得がいかないのだった。

甲種予科練出身の都築庄司（80歳）は、土浦航空隊の練習生時代、横須賀軍港に見学に行き二日間兵舎に宿泊して、軍港内と東京見物をした。水雷学校へ見学に行くと、甲種第十三期生が航空母艦「信濃」を標的にして、震洋艇の編隊訓練をしているところだった。大村湾に浮かんでいる震洋艇は、まさに横須賀軍港で見た青蛙だったのだ。

飛行機の搭乗員から震洋艇の特攻隊員に回されて、忿懣《ふんまん》やるかたない気持は川棚にきても治まらなかった。

海上を走る震洋艇（写真集「人間兵器震洋特別攻撃隊」より）

「飛行機の特攻隊なら喜んで行くが、あの青蛙の搭乗員じゃ騙《だま》されたようなものだ。口に出さないだけで、みんな不満だった。海軍上層部のやり方が許せなかった」

都築はその時の口惜しさを忘れていない。

川棚の兵舎にきて数日後、夕食をすませると、班長がやってきた。

「お前たち、若いんだから予科練の歌でも歌って元気を出せよ。もうすぐ厳しい訓練が始まるぞ！」と言った。

班長は気分をほぐすために激励したのであろうが、みんな聞いているはずであるがそっぽを向いて無視した。

「お前たちは下士官に進級したのだから、元気出してぱっとやったらどうだ」

都築たちは、関心を示さず何も言わなかった。

日頃の班長であれば怒るが、みんなの沈黙の理由が分かったのか、諦《あきら》めて部屋を出て行った。

「心の中には不満が一杯だったが、いつまでも根に持ってもしようがない。軍の方針だから気持を切り替えた」

と都築は言うが、しこりは続いたようだ。

東京の錦糸町の倉持信五郎の自宅を訪ねると、第百三十四震洋隊の柏島会の資料とビデオテープが、社長室に一杯積まれていた。

「川棚にきて驚いたのが、愚連隊分隊があったことです。あの日本海軍にですよ。これには肝を潰しました」

と、倉持が突然話し出した。

戦争末期になると、南方へ向かう輸送船団が、九州を離れると同時に東支那海で、米潜水艦の魚雷攻撃を受けて沈没した。それには震洋艇と搭乗員も乗船していたが、何人かが救助されて佐世保へ送り返された。次の船団に乗船して出港すると再び攻撃を受け、彼らは川棚へ収容された。もう出発する船がないので、気ままに暮らしていた。

昼寝をして夜になると起き出して、兵舎に夜襲をかけにきた。見てもすぐ分かるような長いカイゼル髭《ひげ》を口元にたくわえていた。川棚訓練所では特別な存在だった。

倉持たちがハンモックで寝ていると、突然大きな足音がして、「聞けっ！」と叫んだ。普通なら大変なことになるが、班長は見て見ぬ振りをしていた。倉持が恐る恐る顔を上げると、カイゼル髭の男が腕を組んで大きな目ですごんでいた。

「お前ら知らんかも分からんから教えてやる。聞けっ！　日本海軍はミッドウェー作戦で、空母はほとんど沈められ、連合艦隊は壊滅状態だ。台湾沖航空戦でもしかりだ。航空母艦なんかもうありゃせん。お前たちは、飛行機なんか永久に乗れんから覚悟しておけ！」

海軍の愚連隊のような存在で、上官も一目置いていて彼らは自由に振舞っていた。土浦航空隊時代には考えられないことで、神様扱いをしていたので、〝神様分隊〟と呼んだ。

川棚では同期生ばかりで、進級して全員が二等飛行兵曹である。予科練時代のような、上官の制裁に泣くこともない。

操縦法、航海法、星座、エンジン（機関）学、機械学、電気学、燃料学といった座学と、大村湾での演習が交互に行なわれた。

空襲が激化すると、佐世保軍港が攻撃され、大村湾内での訓練は夜間が主となった。

昼の訓練が夜になると、暗闇に目が慣れないために海面がなかなか見えにくかった。夜は暗いと思いがちであるが、毎夜訓練を続けているとよく見えるようになった。暗夜は懐中電灯で信号を送りながら、編隊訓練を続けた。

編隊訓練中に急カーブを切ったために、同乗者が海に振り落とされる事故もあった。大村湾で最も危険だったのは針尾の瀬戸で、渦に巻き込まれると数回転して命がけだった。

潮の流れを見ながら、うまく外海に出る訓練もした。

東支那海に面した外海は特別に波が荒く、嵐の日には訓練を中止した。実戦になると穏やかな湾内のようにはいかない。二百五十瓩の砂袋を艇首に積んで疾走すると、波の抵抗があって編隊訓練は困難だった。

学科試験が終わると、卒業試験は佐世保軍港内に碇泊している軍艦に模擬攻撃をかけた。東支那海の山のように押しかける荒海のうねりの中を、実戦さながらに突撃演習を繰り返した。実物の艦船を前にしての特攻訓練が終わり、それで飛行予科練習生本科の卒業である。操縦は未熟のまま「特技章＝高等科卒業マーク」の八重桜が授与されて、左上腕につけた。

その夜、卒業祝いの酒と煙草が全員に配られた。酔いが回ると予科練の歌が高らかに歌われ、飛行士になれなかった不満は吹き飛んだ。後は各震洋隊基地に移動して実戦部隊となるだけである。

卒業の感激も一夜明けると、冷静な自分に返った。

小野一は、その時の心境を次のように語った。

「必ず死ぬと決められている特攻隊ですからね、卒業と言っても一般の兵隊とは違うんです。やっぱり生か死か、人間としての新たな悩みが起こりました」

その複雑な気持は言葉には表現できない、深刻なものがあったと思う。

いつ米軍の上陸作戦が始まるか予測がつかない、緊迫した状況の中で、主に内地の震洋隊基地に派遣されることになった。

第四十九震洋隊だけは例外で、川棚訓練所で池田伊織中尉が訓練中で、そこで隊編成が決まった。搭乗員の清家善四郎（81歳）にその理由をたずねた。

「われわれは三重航空隊時代からの十七分隊で、訓練も一緒、死ぬ時も一緒だと団結していた。分隊全員を同じ部隊に編成してくれと強引に司令と交渉をやった。それが実現したんだ」

と、清家は説明した。

九州方面は川棚から直接、派遣先の基地へ向かった。四国関係は第四十九震洋隊のみが編成が決まり、後の搭乗員はいったん呉潜水艦基地に集結した。そこで部隊編成が決まると、資材と食糧などを受領して、部隊長と共に約一週間後に四国の震洋隊基地へと出発した。

第二章――震洋隊基地

(1) 四国防衛軍

一九四五年六月二十二日、沖縄の第三十二軍の組織的戦闘は終了し、二十三日午前四時三十分、牛島軍司令官及び長参謀長は自決した。沖縄に対する天号作戦は打ち切られ、海軍は菊水十号作戦を最後に、本土防衛の決号決戦に移ることになった。

米軍は台湾攻略よりも直接日本本土を狙い、東京を占領して戦争終結させるのではないか、と大本営は判断したようだ。日本上陸はまず九州か四国の南海岸で、そこに飛行基地と補給港を建設して、最後の攻撃をかけてくるのではないか。

関東方面への最後の上陸作戦は、ヨーロッパからの兵力の転用が終わってからだと考えたようだ。梅雨と秋の台風の時期を外し、十一月ではないかと想定した。

米側の統合幕僚会議の決定では、九州上陸作戦をオリンピック、関東上陸作戦をコロネットと呼び、六月二十九日にはトルーマン大統領の承諾を得ていた。これは戦後になって米側の資料で明らかになったことであるが、大軍を投入して最後の決着をつけようとしていたことが分かる。大本営も米側の日本本土上陸を、大体同じ時期だと予想していた。

さらに驚くべきことは、南九州上陸日を十一月一日と決め、陽動作戦として二日前の十月三十日に、四国上陸を決めるなど心憎いほどの作戦計画を立てていた。もし米軍が南九州と四国の上陸を敢行していたら、戦場となって大混乱を起こしたに違いなかった。

戦後、GHQ参謀第二部歴史課が集録した『GHQ歴史課陳述録・終戦史資料』にある、元大本営陸軍部作戦部長宮崎周一中将の「本土防衛における沿岸決戦思想に関する陳述」は、大本営の本土決戦の戦術を知る上で参考になる。

「先ず各種特攻兵器を以て、来攻する敵を海上に攻撃し、敵兵上陸せば迅速果敢なる攻撃を以て敵が未だ橋頭堡を構築するに先んじ浮動状態にある間に之を撃破する。

従って防衛各軍の防衛計画―陣地帯の選定、防衛施設、戦闘指導要領等―は当然前説の作戦構想に準拠すべきである。

しかし、一面においては従来の経験により、上陸直前に実施する艦砲射撃及び爆撃に対し、陣地を保全せんとする要望から、防衛陣地の位置―水際に置くか後方高地帯に求むべきや―陣地構築要領―コンクリート資材欠乏のため、自然を掘開せる洞窟式を利用す―は大いに論議の的となり、また各軍の兵力は防御正面に比し不足なるを常とし、かつその兵力も当初より確定的には期待し得ない状況にあったので、各軍共に最初より確然たる防御計画を策定することは頗《すこぶ》る困難であった。

それ故、一九四五年春頃においては、各単沿岸防衛の体系は必ずしも大本営の作戦構想の趣旨に合致せざる点が少なくなかったことも無理からぬことであった（防衛研究所図書館蔵）」

さらに元第二総軍参謀副長真田穣一郎少将は、「四国に対する攻撃」について、次のように述べている。

「九州攻撃の成功を容易ならしむるため、九州攻撃に先行もしくは併行して四国を攻撃する算大なるべしと判断した。また敵が西から東へ逐次本州を攻撃せんと企画する場合においても、四国は良い飛石の一として攻略の価値が大であろう。なぜならば四国は地勢上孤島的である一面、瀬戸内海、京阪神、西部本州の要地を制圧し得る航空基地を具有している。九州攻略に先だち、四国の航空基地が米の手中に帰したならば、九州攻略を著《いちじる》しく容易にすることは、改めて申すまでもない（防衛研究所図書館蔵）」

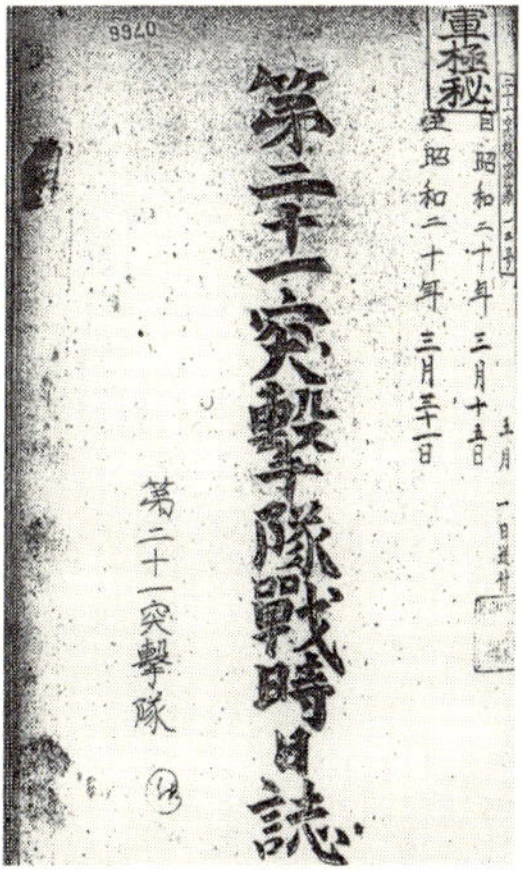

第21突撃隊の戦時日誌

真田少将は、米軍の四国上陸の予想兵力を二個師団ないし四個師団と考えたという。一個師団は約二万名であるから、四万名ないし八万名の兵力となる。一方、九州方面では十三個師団の二十六万名、合計約三十万名の兵力がオリンピック作戦に投入される予定であった。

米軍の上陸作戦の特長は、比島のレイテ島、ルソン島、沖縄上陸に見られるように、広い砂浜地帯に大量の輸送船団を横付けして、戦艦、巡洋艦、駆逐艦が沖合から援護の艦砲射撃、空からは飛行機による攻撃をかける。それらの援護のもとにすばやく橋頭堡を築き、戦車を先頭に歩兵部隊が前進した。その戦法を考慮に入れると、四国では中村平野の伊田《いた》から下田にかけての海岸と、高知平野に広がる浦戸から安芸《あき》方面が上陸地点と予想された。九州では志布志《しぶし》、宮崎にかけての東海岸が予想され、米軍が豊後水道を北進して、瀬戸内海に出るとすれば、愛媛県の宇和島か松山に上陸する可能性が十分にある。米軍の物量作戦は大規模で、まず輸送と攻撃拠点を確保するために飛行場と港を占領した。港では兵員と武器、爆薬、食糧などの物資を陸揚げし、その港を後方からの補給基地にしたのである。

水深があって大型艦船が碇泊可能な高知県宿毛湾《すくも》があった。宿毛湾にはかつて連合艦隊が寄港して、燃料と爆薬を補給したこともあって、その大規模な設備はそのまま使用できたのである。一方、大分県の佐伯湾は天然の良港で、東アジア方面への輸送基地として、船団を組んで出港した。しかし、豊後水道には米潜水艦が待ち構え、船団が沖に出た途端に魚雷攻撃を仕掛けた。佐伯港からの船団出港が危険になると、今度は鹿児島の錦江湾に待機して、敵潜水艦の情報を確認してから出港したが、優秀なレーダー設備を持った敵潜水艦によって、ほとんどの船団は九州を離れた途端に魚雷攻撃を受け、目的地に到着することなく海のもくずとなった。

宿毛港と佐伯港は、戦略的見地から見ても、上陸後の輸送拠点としては最高の条件を備えていたといえる。

陸軍は本土決戦に備えて一九四五年六月、第五十五軍（四国防衛軍）を編成配備して米軍の上陸に備えた。

徳島、小松島方面には菊水兵団、物部《ものべ》川河口以東の太平洋岸には護土兵団、物部川河口以西須崎《すさき》までは錦兵団、須崎以西から八幡浜《やわたはま》までの海岸に剣山《けんざん》兵団、高知平野北部、山田方面には安芸《あき》兵団を配備して、その兵力は約九万八千名に達した。

護土部隊というのは、土佐を護るという意味でつけられた。錦部隊は、関東軍がソ満国境の警備のために配備していたので、精鋭部隊といわれて期待された。

五月、第三次兵備による補充兵を充てた剣山兵団は、師団司令部を中村町（現四万十《しまんと》市）に置いた。

剣山兵団とは、四国の高峰剣山《つるぎさん》からその名前を取ったといわれる。司令官の横田豊一郎中将の『六月二十九日、状況報告書』には、次のように記されている。

「歩兵は三個連隊で他に噴進（ロケット）砲隊、工兵隊、砲兵隊、通信隊、輜重隊《しちょうたい》、野戦病院があり、隊員は一万千五百六十六人、馬は六百二十九頭、自動車十七両。六月二十日に動員完結し、同二十四日より基礎配備を行ない、それぞれ各地に進駐した。

その中で兵の人数は大部分できたが、中隊長はまだほとんど来ておらず、小隊長は見習士官ばかりで、兵を教育した経験のある者は一人もいない。そのうえ兵の五分の一は未教育者で、まだ精査はしていないが、多数の結核発症素質者も含まれている模様である。馬はようやく三分の一を集めることができた。

兵器はまだほとんど来ていない。小銃は三分の一で帯剣はまだ一つもない」

圧倒的な兵器で装備した米上陸部隊に対して、銃もなく素手で立ち向かうようなものである。一人が入れる程度の蛸壺に身を隠して、敵戦車に爆薬を抱いて体当たりするといった、捨て身の戦法しかなかった。それも敵側の砲火の前で成功するとは限らない。貧弱な兵器と高齢の補充兵、農家の仕事を手伝ってさつま芋をもらって食べたという。竹製の水筒を使い、竹を輪切りにしたものを食器に帯行している。軍靴は支給されず、草鞋《わらじ》の兵隊も多く見られたという。

一九四五年六月十四日付の『高知新聞』によると、高知県下の各農家に一日三足の草鞋を供出させた記事が出ている。各町村に割り当てを行ない、草鞋作りを国民学校の児童にさせている。

原料は良質の稲を使用し、堅く入念に作るようにやかましく指導して、検査の上、不良品は不合格にした。草鞋ばきの兵隊が四国に現われたのである。

四月十四日の『国土決戦教令』では、驚くべき決定が伝達されている。

「戦闘中の部隊の後退は之を許さず、斥候、伝令、挺身攻撃部隊の目的達成後の原隊復帰のみ後方に向ふ行進を許す」

これは戦闘による負傷者でさえ、後送することを許さない、という厳しいもので、看護付添いさえ認めない、玉砕を強要するものであった。

南九州の第五十七軍（鹿児島県志布志方面）は、「病人以外は婦女子を含めて最後まで止まり、軍と行動をともにせよ」と、司令官命令を出している。もしも九州、四国に米軍が上陸したと仮定すれば、第二の沖縄になっていたであろう。否、それ以上の悲惨な状況に追い込まれていたに違いない。

四国防衛の陸軍の駐屯は、米軍上陸の邀撃作戦になるため、新しく陣地を構築しなければならない。豊後水道の要路ともいえる、高知県幡多《はた》郡大月町は米軍上陸の重要な位置にあり、剣山兵団の配備が急がれた。陸路の交通は大堂山を縦断するしかなく、陸軍は地域住民を動員して防衛道路の建設に着手した。

軍命令で延べ六万名が勤労奉仕に駆り出され、半年後の一九四五年四月に防衛道路は完成した。

主に勤労奉仕による手作業であるが、道路工事中に犠牲になった朝鮮人朴二東の慰霊碑が道路脇に建っている。

柏島の沖に浮かぶ鵜来島《うぐるしま》と沖の島には、海軍の砲台や電探基地があるために、危険区域に指定され、宿毛方面への強制疎開が指示された。先祖伝来の土地を離れることに、島民には抵抗があった。敗戦直前の八月十二日になってやっと合意し、船で住民の疎開が始まった。

米軍上陸の恐怖は四国全土に広がり、個人的に田舎に疎開する家庭も増え、住民は沖を眺めながらおびえて暮らした。

高知県香美《かみ》郡夜須町《やすちょう》（現香南《こうなん》市）には、善通寺の留守部隊で編成された第四五一部隊（森田豊秋大佐）が、夜須国民学校に部隊本部を置き、山の中腹に重火器陣地を構築した。千切《ちぎれ》の重砲陣地では、日露戦争当時の巨大な榴弾砲を高台に押し上げたが、肝心の弾丸は一発もなかった。

水際作戦の第二陣として四大隊が展開したが、蛸壺に潜んで爆薬を抱えて敵戦車に突入する挺身隊だった。壕を掘ることに全力をあげ、その後は竹槍訓練に精を出した。武器が不足して、小銃は十名に一丁しかなく、銃剣は竹製の鞘に収めるという哀れな部隊だった。梅雨になると山の地下壕には、地下水が滝のように流れ落ち、蛸壺には雨水が溜まった。

(2) 第八特攻戦隊

比島での米軍との攻防戦には、山下奉文《ともゆき》大将を第十四方面軍軍司令官に任命して、最後の抵抗を試みた。日本からの支援もなく、兵士たちはルソン島の山岳地帯に追い詰められた。海軍は軍艦を失い、飛行機のない搭乗員は僅かな銃を与えられて、陸軍と行動を共にした。日本本土上陸の時機を送らせる防波堤になったといわれるが、米軍の物量作戦の前にはなすすべもなかった。

レイテ沖海戦で戦艦武蔵を失い、沖縄戦では戦艦大和を特攻出撃させ、連合艦隊は壊滅してしまった。大艦巨砲主義に支えられた海軍が、戦艦と航空母艦を失ったことは、完全に守勢に立たされたことにほかならなかった。攻撃をかけようにも飛行機がなかった。飛行機の生産が絶望的となり、最後の手段としては水上、水中特攻しかない。

海軍省に海軍特攻部を新設して、兵器の研究開発、要員の養成、訓練に従事させた。新兵器の開発を急いだがそれもわるあがきに過ぎず、戦況を一転させるほどの戦力になるはずはなかった。

回天や震洋艇による特攻作戦しかないと考えた海軍指導部は、呉をはじめ三菱長崎造船所などの軍需工場で量産態勢に入った。

まず呉海軍鎮守府部隊に第一特別基地隊を編成した。

震洋艇の搭乗員として、予備学生、予備生徒、予科練出身者に短期間の教育と訓練を施して直ちに戦力として投入することを計画した。

一九四五年三月、横須賀、呉、佐世保の各鎮守府に、第一、第二、第三特攻戦隊が新たに置かれることになり、呉鎮守府の第一特別基地隊は、第二特攻戦隊に改編された。

特攻戦隊の設置と同時に、各地の防衛拠点に突撃隊が編成された。

呉鎮守府管轄の突撃隊は、二十番台の番号が付けられた。宿毛派遣隊は第二十一突撃隊、小松島は第二十二突撃隊、須崎の第二十三突撃隊、大分県佐伯の第二十四突撃隊であった。

後に紀井水道防衛の第六特攻戦隊が編成されると、小松島の第二十二突撃隊は、その指揮下に入った。

七月二十日、第八特攻戦隊（司令清田孝彦少将）が開設されると、司令部を佐伯に置いた。十日後の三十日には、司令部を宿毛に移転した。移転の主たる理由は、土佐湾と豊後水道の警備を強化するということだった。

第八特攻戦隊は、宿毛の第二十一突撃隊、須崎の第二十三突撃隊、佐伯の第二十四突撃隊を管轄下に置き、米軍上陸に備えて、魚雷艇、回天、震洋艇、海龍などを特攻隊として配備した。

第二十一、二十三突撃隊のことを、通称嵐部隊と呼んだ。海軍省軍務局発信の指令が、『第二十一突撃隊戦時日誌』の中に見られる。戦隊司令部各突撃隊宛の受信記録であるから、須崎の第二十三突撃隊も、同様の通信を受信しているはずである。

「軍務機密第二〇二二〇三番電。

特攻戦隊、突撃隊ノ通称ヲ左ノ通リ定メラレ、四月二十日以降軍機、軍極秘文書ヲ除ク文書及其ノ他一切ニ使用ノコトニ定メラル

第一、二、三、四等特攻戦隊ハ第一、第二、第三、第四楠部隊、第十特攻戦隊ハ龍部隊、突撃隊ハ嵐部隊トシ、上ニ固有番号固有名称ヲ付スベシ則第十一突撃隊ハ第十一嵐部隊」

四国の震洋隊基地周辺では、防諜対策が徹底していたのか、住民たちは第二十一、第二十三突撃隊といわずに「嵐部隊」と呼んだ。

米軍の徹底的な空爆によって、海軍工廠、軍需工場での特攻兵器の生産が遅れた。五月十

五日現在の基地配備予定数は、最初の計画よりぐっと少なくなり、基地を建設したものの震洋艇が配備できないところも出てきた。

第二十一突撃隊（宿毛）　蛟龍《こうりゅう》（二四）
〃　越《こえ》派遣隊　回天（一二）、震洋（五五）
〃　古満目《こまめ》派遣隊　回天（一二）、震洋（三〇）
〃　泊浦《とまりうら》派遣隊　回天（一二）、震洋（三〇）、海龍（三五）
〃　麦ヶ浦派遣隊　回天（一二）、震洋（三〇）、海龍（一二）
〃　柏島派遣隊　回天（一二）、震洋（五五）
〃　日振島派遣隊　回天（一二）、震洋（五五）

蛟龍は僅か五十トンの小型潜水艦である。海龍は二人乗りの潜水艇で、魚雷を改造した回天、爆雷を携行して海底を歩行し、敵艦を攻撃する伏龍が、急ピッチで増産された。

八月までに海軍が所有していた特攻兵器は、蛟龍百隻、海龍三百隻、震洋三千隻で、敵上陸が予想される付近に基地を構築して、水際作戦で撃滅する計画だった。

宿毛市宇須々木《うすすぎ》にあった第二十一突撃隊（司令矢野邦弘中佐）が開隊したのは、三月十五日であった。七月三十日に発足した第八特攻戦隊司令部と同居していた。現在は司令部跡はなくなり、赤煉瓦造りの大型弾薬庫と、燃料庫、魚雷艇の格納壕跡が残っているだけである。

須崎に第二十三突撃隊（司令横山喜一大佐）が開隊したのは四月二十日である。箕越《みのこし》地区の住民の強制移住が紛《もめ》たため、第二十一突撃隊に比べると約一ヶ月以上遅れた。

須崎湾で真珠養殖をしていた社長宅を接収し、その大きな家屋を改造して司令部にした。海岸に小さな桟橋を作って、離れた所にある市街とは船で往来した。海岸に面しているので土地が狭く、兵舎は裏山の中腹の畑に建て、通信所も置いた。

第二十三突撃隊（須崎）　回天（一二）、魚雷艇（七）
〃　野見《のみ》派遣隊　震洋（五〇）
〃　宇佐派遣隊　回天（八）、震洋（五〇）
〃　浦戸派遣隊　回天（一二）、魚雷艇（五）、震洋（二五）
〃　手《て》結《い》派遣隊　魚雷艇（三）、震洋（二五）
〃　室戸派遣隊　補給のみ

以上の数字は第二十三突撃隊の配備計画であり、（ ）内の数字に変更がある。敗戦時の戦力は次のとおりである。

須崎基地　回天（一三）、魚雷艇（七、うち二は隼艇）、震洋艇（五〇、野見）
宇佐基地　回天（未着）、震洋艇（五〇）
浦戸基地（御畳瀬《みませ》）　回天（一二）、魚雷艇（五）、震洋艇（二五）
手結基地　魚雷艇（三）、震洋艇（二五）

須崎基地（野見）の第四十九震洋隊と、宇佐基地の第五十震洋隊のみ一型が配備されていた。

須崎基地は大きくいえば須崎湾内で、その一部に野見湾がある。地図上では第二十三突撃隊本部の裏山を越えたところが野見地区である。

箕越の本部から海岸沿いに野見基地に行こうと試みたが、行く手に藪があったので途中で止めた。野見行きを諦《あきら》めて帰ろうとすると、海岸の道路脇に回天の格納壕が五、六個残っていることに気付いた。壕の前の道路建設で削り取ったのか、当時のレールは外《はず》されていた。ぽっかり空いた格納壕の中は、捨てられたゴミばかりが目についた。

第二十三突撃隊本部だった建物が、そのまま残っているのも珍しいことだ。近くで作業をしていた漁民の話では、病室跡からいまでも注射器が出てくるという。

野見、宇佐、浦戸（御畳瀬）の基地はリアス式海岸で、太平洋側からは完全に遮断されている。海軍幹部が基地選定にきたとき、天然の良港で最適地だと決定した話が伝わっている。それに比べると、手結基地だけは太平洋からは丸見えの位置にあって、最初から不適の烙印を押されていた。

(3)　基地変更

川棚で編成された第四十九震洋隊（池田部隊長）は、呉潜水艦基地に到着すると仮入隊となった。一週間滞在中に基地設営のための資材の点検を行なった。

第四十九震洋隊は六月二十三日、呉を出発すると、高知県香美郡夜須町の手結基地に向かった。土佐電鉄の住吉駅で降りると、二百メートル先の住吉海岸を目指した。呉潜水艦基地では太平洋に面した住吉の海岸と聞いていたが、到着すると数隻の伝馬船《てんません》が波打ち際で揺れている小さな漁村だった。松の木は防風林ということだったが、黒潮の流れに乗った魚が住吉の海岸に集まってくると、漁師たちは自慢した。

住吉から三キロ西に手結港があり、古い石垣積みの手前の斜面に魚雷艇の格納壕があった。そこには三隻の魚雷艇が格納され、震洋艇二十五隻と合わせて手結基地と呼んだ。魚雷艇隊長は、海軍予備学生第二期の中尉で、震洋隊よりも一足早く派遣されて、魚雷艇基地を作っていた。

住吉の海岸は東へ磯が続き、夏のシーズンになると海水浴客でにぎわい、取れたばかりの魚を料理して食べさせる小料理屋が数軒並んでいた。閉店廃業している建物を、すでに軍が接収していた。

海の守り神を祀っている住吉神社は、海岸に突き出た小高い山の上にある。階段の下にある神社の鳥居の前に立つと、目の前に太平洋が広がる。漁港とは名ばかりで堤防もなく、少し大きい漁船はよいと巻きを使って、掛声とともに砂浜へ引き揚げた。

呉潜水艦基地で聞いた手結基地の様子と、現場の状況の違いに驚いて、第四十九震洋隊の池田部隊長は、茫然として言葉もなかった。

もう一度、松並木を歩いて、下車した住吉駅に引き返した。田圃と畑に棒を差し入れ、下に岩盤があるかどうかを確かめ、深刻な顔をして三人の艇隊長を呼んだ。

太平洋側から手結基地を見た場合、海岸線が丸見えで遮蔽するものがなく、震洋艇を格納する場所がないと説明した。三人の艇隊長も同意見で、出撃する前の段階で敵の艦砲射撃で全滅するのではないかと心配そうに言った。敵上陸に対して無防備で、出撃は不可能であるとの結論に達した。

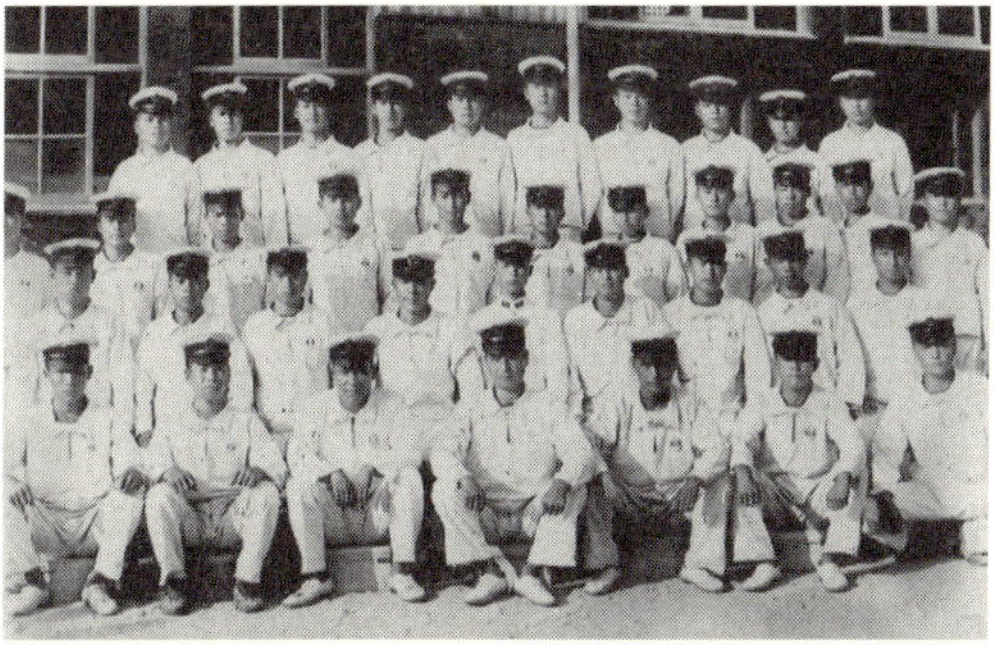

後に震洋艇の搭乗員となった三重航空隊の第19期乙種予科練生

「もう一つの決定的な欠陥がある」と池田部隊長は、三人を連れて住吉駅へ行くゆるい坂道を登った。

畑の斜面に格納壕を掘っても、出撃準備のために海岸まで震洋艇を搬出するには時間がかかり過ぎる。といって海岸に並べていると、敵グラマンの格好の餌食になる。

「この手結基地は立地条件がよくない。どこか別の場所に移動するよう今から第二十三突撃隊本部と交渉しよう。お前たちの中で土佐出身の搭乗員はいないか？」

池田部隊長は、心配そうな顔をして目の前の搭乗員を見回した。誰もが震洋隊基地としては不適と感じているようだった。

「部隊長、私は須崎の出身です」

日頃から口数は少ないが、自分の意見をはっきり言う国広三郎が名乗り出た。

「私は須崎の出身で、この辺りの海岸についてはよく知っています。須崎がすでに基地として候補に上がっておれば別ですが、広い須崎湾の中にもう一つ野見湾があって、そこなら太平洋からは完全に遮断されています。基地としては絶対的な条件を供えていると思いますが……」

国広が野見湾を提案した。

池田部隊長は鞄から軍用地図を取り出して広げた。第二十三突撃隊の管轄で、宇佐と御畳瀬、手結には赤印はついているが、野見湾には基地予定はなかった。

「一応、決まった場所の変更というのは大変だが、この手結だけは震洋隊基地としては絶対に駄目だ。戦わずして無駄に命を捨てることになる。

よし、今からでも遅くはない、須崎へ現地調査に行こう」

池田部隊長の決断は早かった。基地変更を部隊のほうから求めることは異例で、おそらく本部の反対にあうことは確実であったが、池田部隊長の意見を全員が支持した。

米軍の四国上陸が目前に迫っているので、早急に基地を決めて、格納壕を掘って震洋艇を格納しなければならない。第二十三突撃隊本部では、突然の基地変更に反対したが、国広の説明と池田部隊長の意向もあって、最終的に野見基地に決定した。

二十五日朝、第四十九震洋隊の本部要員と搭乗員全員は、荷物をまとめて須崎へと出発した。出発する時には、第百二十八震洋隊（竹中清作部隊長）はまだ到着していなかった。須崎に着いて市街地から野見湾を見ると、第四十九震洋隊が予定している基地は見えなかった。

野見地区に陸地伝いで行くのは困難なので、須崎桟橋から古びた巡航船で渡ることにした。

船着場に本部要員と搭乗員の約六十名が集まった。須崎湾の景色を眺めながら、「もう、これで娑婆《しゃば》とはお別れだね」と言いながら浮桟橋へと向かった。各自が荷物を肩に巡航船に乗り込もうと、何人かが片足をかけた時だった。人の重みで浮き桟橋が一方に傾き、十数名が水しぶきを上げて海に転落した。

「糯米《もちごめ》が沈んだら大変だ。早うその食缶を引き上げてくれ、明日が海軍記念日だ！」

主計の兵隊が海の中から叫んだ。食缶は海上を流れていたが、波にのまれて沈んでしまった。

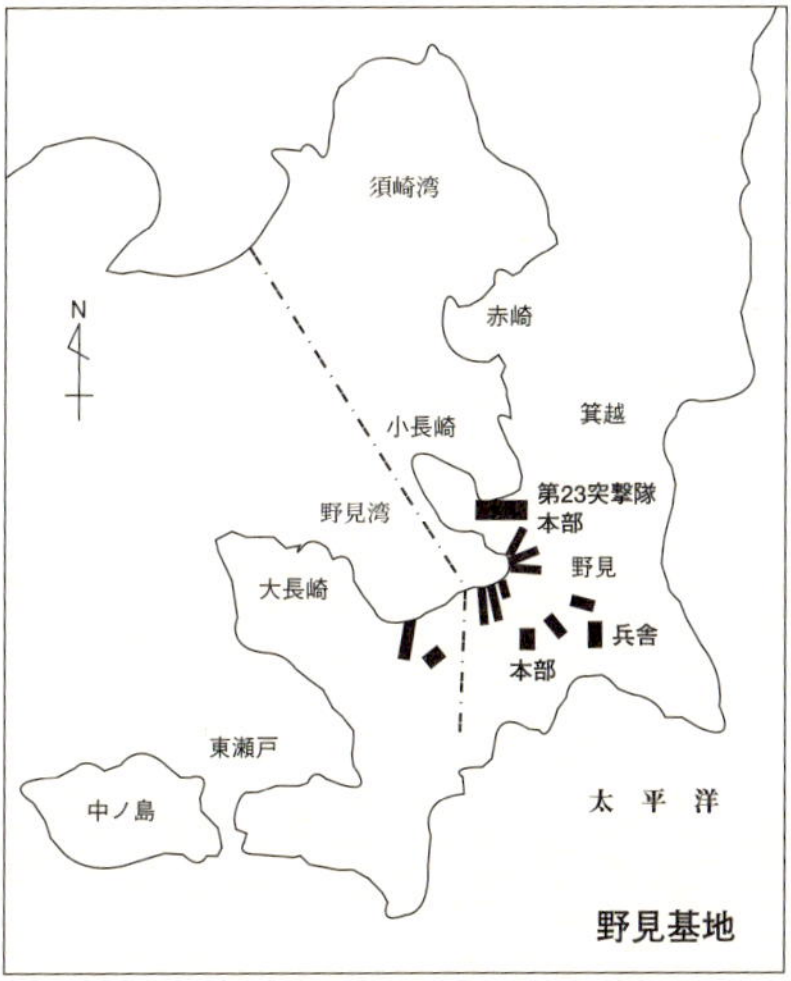

野見基地

日露戦争の時、日本海海戦で連合艦隊がロシアのバルチック艦隊を破った日を記念して、その日を海軍記念日と決め赤飯で祝っていた。その大事な糯米と小豆を食缶ごと海に沈めてしまい、主計兵は申し訳ないことをしたと搭乗員に謝った。

海から這い上がった搭乗員は、ずぶ濡れのまま巡航船に乗り込んだ。

急な基地変更だったために、隊長と搭乗員だけが先に野見基地に着いた。

野見は山にへばりついているような小さ

な部落で、兵舎を建てるだけの平地がなかった。

池田隊長と三人の艇隊長は、婦人会副会長の山下竹緒宅を宿舎にして、第一艇隊の十二、三名が江見という産婆さんの家へ、第二艇隊がお寺、第三、四艇隊が天理教会を仮宿舎にした。

そのうちに基地隊員と整備員が到着した。野見部落の勤労奉仕隊が海岸と山の間にある竹藪を切り開いて整地した。朝鮮から強制連行してきた朝鮮人五十名が格納壕と防空壕の建設に取りかかった。

一型艇を五十隻収容するので、他の震洋隊基地よりも多くの格納壕が必要で作業が急がれた。基地隊員が監督となって、昼夜にわたる作業が続いたが、朝鮮人労働者はそれに耐えた。食糧不足で倒れるので、部落の人たちは可哀そうだと言って、さつま芋や野菜を朝鮮飯場に届けて励ました。ダイナマイト事故や落盤事故があっても、負傷者を治療する病院がなかったという。産婆さんが応急手当をして、翌日、須崎本部の診療所へ運んだ。

格納壕だけでなく爆薬庫、燃料庫、物資庫、食糧庫、大型の防空壕など付属施設が急がれた。

艇の数が多いために、出撃準備には大混雑が予想された。

部落の働き盛りの若者は軍隊に応召され、年配の人は勤労報国隊として軍需工場に徴用されていた。

朝鮮人たちは農作業を手伝って、食糧を分けてもらった。湾内での漁を手伝うこともあったという。

六月中旬、朝鮮人労働者によって格納壕が完成すると、一型艇四十九隻が野見基地に到着した。二人乗りの五型艇が一隻、十三ミリの機銃とロケット砲がついていた。ロケット砲といえば威力があると想像するが、実は木箱の中に入れたもので、射程は僅か五、六百メートルという貧弱なものであった。

(4) 特攻長の視察

太平洋上から須崎方面を見ると、湾口のくびれた所に中ノ島があるので、袋のように広がった須崎湾に震洋艇の基地があるとは想像もつかない。水上特攻隊にとっては、天然の良港であった。敵グラマンと飛行艇が侵入しても、昼の訓練をしない限り、発見できない。夕方になると艦載機は空母に帰還するので、訓練は夜間に限られた。

清家善四郎は第一艇隊の一号艇を担当し、池田部隊長が搭乗して編隊指揮を取った。五型艇は速度が早いこともあって、夜間訓練には危険が伴った。編隊攻撃が主であることから、湾内に停泊している漁船を敵艦に見立て、集中的に攻撃を仕掛けた。

特攻隊の訓練とは知らない漁船は、直前まで猛進して急旋回する震洋艇にびっくり仰天した。湾内での訓練は止めて欲しいと抗議があったが、特攻隊の訓練だとは言えず、池田部隊長は説明に苦労した。太平洋に出て訓練すると、敵潜水艦に基地があることを探知されてしまう。

土佐湾に敵上陸部隊が接近して、震洋隊に出撃命令が出た場合、太平洋の荒波の中を敵艦船に体当たりすることができるであろうか。

外海で洋上訓練をしたことがない部隊長は、全く自信がなかった。夜間の洋上訓練を申告したが、敵潜水艦に察知される危険があるという理由で許可が出なかった。

敵グラマンから攻撃されても、絶対に機関銃で反撃してはならない、と本部から言い渡されていた。

住民は、海軍はなぜ反撃しないのかと、その弱腰を非難した。しかし、敵上陸前に震洋隊基地があることが分かると、徹底的な爆撃にさらされる危険があった。

野見基地の第四十九震洋隊は、第二十三突撃隊本部と同じ須崎湾内にあることから、副司令で特攻長の堀之内芳郎少佐が野見基地の視察にくることになった。

第一艇隊の清家善四郎が、堀之内特攻長を迎えに行くことになった。

本部からの視察は初めてのことで、部隊長はじめ搭乗員は緊張して待った。

清家が操縦する震洋艇五型が司令部前の桟橋に着くと、特攻長は軍刀を手に一人で待っていた。どう思ったのかロケット砲の砲筒に跨《また》がった。スピードを出すとしぶきがかかるので、

清家はゆっくりと岬を曲がった。野見湾に入ると波が立って、たまたま修理のために海岸に繋留《けいりゅう》していた震洋艇の一隻のロープが外れて、舳先が特攻長の股の間に割り込んだ。

「どうしたんか！」

それだけ叫ぶと海中に投げ出された。震洋艇を修理していた整備員が、手を差し延べて特

攻長を救い上げた。

「失礼しました。お怪我は？」

　操縦していた清家は謝った。特攻長は岸に上がると、整備員から濡れた帽子を受け取り、憮然とした表情で部隊本部へ歩いて行った。

　手にしていた軍刀は、海に投げ出したために整備員の一人が服を脱いで海へ潜った。軍刀を引き揚げた整備員がさっそく井戸へ走り、何度も水をかけて塩抜きをした。濡れネズミのような特攻長の姿を見て、迎えた搭乗員は笑いをこらえた。ロケットの砲筒に跨るほうが悪いので、操縦した清家の責任ではない。だが、軍隊というところは上官の不注意であっても、事故を起こせば部下が責任を問われるのだった。

特攻長を迎えに行った清家善四郎

　特攻長が海に落ちたことが、いつのまにか別の基地にも伝わった。

「野見の清家が特攻長と喧嘩して、柔道で海に放り投げたそうだ。海兵出身の特攻長は、泳げずに溺れて死にそうだった。それをみんなが助け上げた」

　話におひれがついて、清家の武勇伝はたちまち広がった。そうではない。自分で落ちたのだと説明しても、「お前はよくやったじゃないか、大したもんじゃ」と、誉《ほ》め称《たた》えられた。その話が第二十三突撃隊本部にも伝わり、特攻長は激怒したという。

(5) 半舷上陸

呉潜水艦基地で一週間待機しているうちに、第百二十八震洋隊の編成が決まり、搭乗員四十五名(その後三名増員)が、高知県香美郡夜須町の手結基地に到着した。数日前に第四十九震洋隊が、基地不適のため野見基地に変更になったことは一切知らされていなかった。民家を接収して本部を置き、その近くに竹中清作部隊長と三人の艇隊長の宿舎を置いた。搭乗員の宿舎は、住吉神社裏の高台にある元料亭「磯見茶屋」になった。部隊本部とは百数十メートル離れた位置にあって、ある程度自由行動が取れた。基地隊員は搭乗員より数日前に到着すると、住吉神社の鳥居前の料理屋「一二三《ひふみ》楼」と付近の民家を接収して、兵舎替りに使用した。その後に到着した整備員は、民家に宿泊したが、格納壕が完成すると何人かがそこへ移った。

手結基地は、海岸段丘の突き出た場所にあった。もともと震洋隊の基地としては不適で、搭乗員の中に反対意見が強く、艇隊長三人が基地変更を部隊長に申告した。すると部隊長は、松の大木の陰に偽装しておけば、敵からは絶対に発見されることはないと主張した。艇隊長たちは敵の艦砲射撃を心配して、適地を探したほうがいいと提案したが無視された。

手結基地は高知市内から約三十キロ東の位置にある。米軍上陸地点を高知平野の海岸線と推定すれば、戦略的には重要な位置にあった。すでに三キロ西隣にある手結魚雷艇基地は完成して、三隻が格納されていた。

　手結海岸から安芸、室戸岬にかけて震洋隊基地の適地がなかっただけに、止むをえず候補地となった経緯がある。

搭乗員の宿舎となった元料亭の磯見茶屋

　部隊長は部下の進言を聞くような性格ではなかった。背が高く剣道四段といわれ、顔は虎のようないかめしい容貌で、搭乗員は清作と呼ばずに陰では「虎作」と呼んだ。

　第百二十八震洋隊の部隊編成は、総員百七十一名、士官七名、搭乗員四十八名、本部付十四名、整備員三十一名、その他基地隊員七十一名である。

　艇隊長は入谷篤治、青野久隆、西本公俊の各少尉である。

　入谷少尉はきりっとした好青年で、清水次郎長の曽孫だということで、隊員たちにはとても人気があった。手結基地の不適を主張して、最後まで反対を続けた艇隊長だった。

　入谷少尉が部下の信頼が厚いことを妬《ねた》んだ部隊長

は、彼が先任将校であるにもかかわらず、いつも青野少尉に命令を伝えた。

入谷少尉が次郎長の曽孫だと手結山の住民に知れると、女子青年団員たちは、入谷少尉を一目見ようと、勤労奉仕隊の防空壕掘りを志願した。

陸戦隊の慰問を続けていた女子青年団は、磯見茶屋の搭乗員の慰問を部隊長に申し出た。

「特攻隊員が娑婆の空気に触れると、死の決意がにぶる。絶対に許さん」

部隊長は慰問の申し出を断わった。

海軍の制度の中に、甲板下士官というものがある。

第百二十八震洋隊では、機関一曹の下士官と搭乗員の神保公一の二人が任命された。甲板下士官とは規律を内部で司《つかさど》る役割で、責任は重大だった。

軍艦が港に着くと休暇が与えられて、半数が上陸できる〝半舷《はんげん》上陸〟の習慣があった。震洋隊基地では休日になると、搭乗員の半数が半舷上陸で街に遊びに出かけた。士官以外は外泊が認められないので、搭乗員はこっそり無断外泊することがあった。

「神保、後はうまくやっとってくれ」

甲板下士官の神保に頼んで、手結基地を脱柵して外泊、こっそり朝帰りした。

手結基地は地形上、格納壕を海岸沿いに建設することが不可能で、到着した燃料のドラム缶は、杉並木の両側に積んで木枝などで偽装した。

敵グラマンの攻撃が始まると、ドラム缶を外部にさらすことは危険になり、住吉神社の鳥居前から住吉駅にかけて格納壕と防空壕を掘ることになった。搭乗員二人が一つの格納壕を監督して、勤労奉仕隊員を割り当てた。

格納壕の長さは十二メートル、台車の上に震洋艇を乗せるので、高さは三メートル必要だった。海岸に最も近い場所の第一号は、艇を三隻入れるので一番大きくした。

岩盤の堅い所はノミで刳《く》り、ダイナマイトをかけて爆破した。勤労奉仕隊は安芸町と、地元の夜須町から派遣されてきた。老人と婦女子ばかりで、不足した場合は女学生も駆り出された。モッコに土砂を入れると、前後二人で運び出して捨てた。畑の壕は崩れやすく、板囲いをしながら深く掘った。

『蒼空賦』に神保の手記がある。

「当時は本土防衛のため、老人、子供を除きほとんどの男は軍隊か工場に駆り出され、残っているのは女性ばかりであった。

男女共学もなく、この世に生を受けて以来、女性と話す事さえ憚《はばか》られた少年期から飛行予科練習生として入隊し、毎日毎日厳しい制裁と激しい訓練に明け暮れ、食べること以外は何の楽しみもなく、必死必殺の特攻に志願した私達であるが、作業の合間にふと触れた若い女性の身体と、甘い香りに肉体が疼《うず》き心が震える。そして二度、三度と会ううちに差し入れだと云って、渡された薩摩芋の粉と黒砂糖を混ぜて作った黒い餅に、優しい人の心を感ずるようになっていった」

毎朝八時、住吉駅前に整列すると、格納壕ごとに人役割りをした。ダイナマイトの爆破以外は、そんなに危険な作業ではなかったが、モッコ作業は婦女子にはきつい労働であった。

搭乗員が、きつい作業を見兼ねて替わってやったりしているうちに彼女たちと親しくなった。休日には遊びにこないかと誘いがかかった。

若い娘たちは交際しようにも青年がいないこともあって、搭乗員は彼女たちにもてた。

搭乗員の一人が外泊すると、それが隊内に伝染病のように広がり、甲板下士官の神保に頼んだ。

土浦、三重航空隊時代の第八分隊の戦友から頼まれると、拒否できない神保だった。予科練時代は総員点呼があるので絶対にごまかすことができないが、手結基地では特攻隊員に対する遠慮があって、艇隊長たちも日頃の行動をやかましく注意しなかった。「総員四十八名、事故なし」と、報告して終わりであった。朝の点呼までに全員が揃っていれば問題にならなかった。

神保は夜の点呼を大目に見ているうちに、外泊が許されない甲板下士官が馬鹿らしくなってきた。戦友ばかりがいいことをして自分もと、つい任務を忘れて格納壕掘りで懇意になった安芸の娘のところへ遊びに行く気になった。娘の家では特攻隊員がきてくれたと、一家を上げて大歓迎、魚を料理し、酒を出してくれた。

死ぬことのみを考えていた神保は、家族の人間的な温かさに触れると甲板下士官の任務を忘れてしまった。

出撃すれば死が待っている瀬戸際で、神保は温かい家族のもてなしについ甘えてしまった。安芸の海岸沿いにあった娘の家は、太平洋の大きな波のうねりの音が、窓越しに響いてきていた。

「朝だ！」窓の明かりを見て飛び起きた。身仕度をすると、安芸駅まで一目散に走って、一番列車に飛び乗った。半分やけくそで外泊したのであるが、朝になってみると反省するところもあった。

住吉駅を降りると、遠回りの田圃道を通って、宿舎の磯見茶屋まで戻った。

朝の点呼を終わって、食缶が運ばれてきた。

「青野艇隊長がお呼びです。すぐ本部へきて下さい」

食缶を運んできた主計兵が神保に言った。安芸の娘の家に外泊したことが、どうして青野艇隊長にバレたのか。

「甲板下士官という責任あるお前が、任務を放棄して朝帰りするとは何ごとかっ！　昨夜、俺は安芸駅でお前を見ているんだぞ　どこに行っていたのか！」

安芸駅で青野艇隊長に姿を見られたとすれば、神保はもう弁解の余地はなかった。

青野艇隊長が安芸に出張しての帰りだった。始発なので早目に乗車して窓の外を眺めていた。そこへ下り列車が到着して、神保がホームを歩いてきたのを見たというのだ。運が悪いといえばそれまでだが、絶対に言い分けはきかなかった。

「そこへ立てっ！」

青野艇隊長は、本部の壁に立てかけてあったシャベルを手に取ると、力いっぱい十数回殴った。シャベルの表面は平らで、尻を殴られると、両足の神経が麻痺してしまう。そのまま直立不動の姿勢で立たされた。体中の血液が手足の先端に溜まって、丸太棒のように硬直した。

便所と食事のみが許されたが、大便をしようにも座ることができない。食卓につくが箸が握れず、仲間の搭乗員が交替で口の中に入れてくれた。

「ひでえことするなあ、青野の奴は……」

と神保に同情した。一昼夜の罰直で神保は解放されたが、足が痺《しび》れて宿舎までの坂道が登れなかった。

六月中旬、五型震洋艇二十五隻が、貨車で住吉駅に到着した。格納壕の第一号、二号が完成しているだけだったので、後は継続して掘り続けた。残りの艇は杉の大木の並木に置き、山から切ってきた木の枝を被《かぶ》せて偽装することになった。

田中昭八はその責任者となった。格納壕掘りにやってきた勤労奉仕隊の一部を引率すると、住吉駅の北側の山へ行った。木の枝を切るとリヤカーに積んで、住吉の海岸まで運んだ。

その作業は数日間続いた。

手結基地の格納壕の建設作業が遅れたのは、立地条件が悪かったこともあるが、海軍の基地選定のずさんさにあった。これが結果的には、戦後の爆発事故に繋《つな》がったといえる。

(6) はりまや橋

第五十震洋隊の基地は、高知県土佐市宇佐にあった。川棚臨時魚雷艇訓練所を卒業すると、片岡伸男、竹宮貞良、杉田宣夫、園部純の艇隊長が決定して、呉潜水艦基地へ向かった。基地隊はすでに五月十日、宇佐基地に進出して基地の建設に取りかかっていた。

第五十震洋隊の総数は百九十三名で、部隊長の中平晴敏中尉（予備学生第二期）は、地元の宇佐市出身だった。

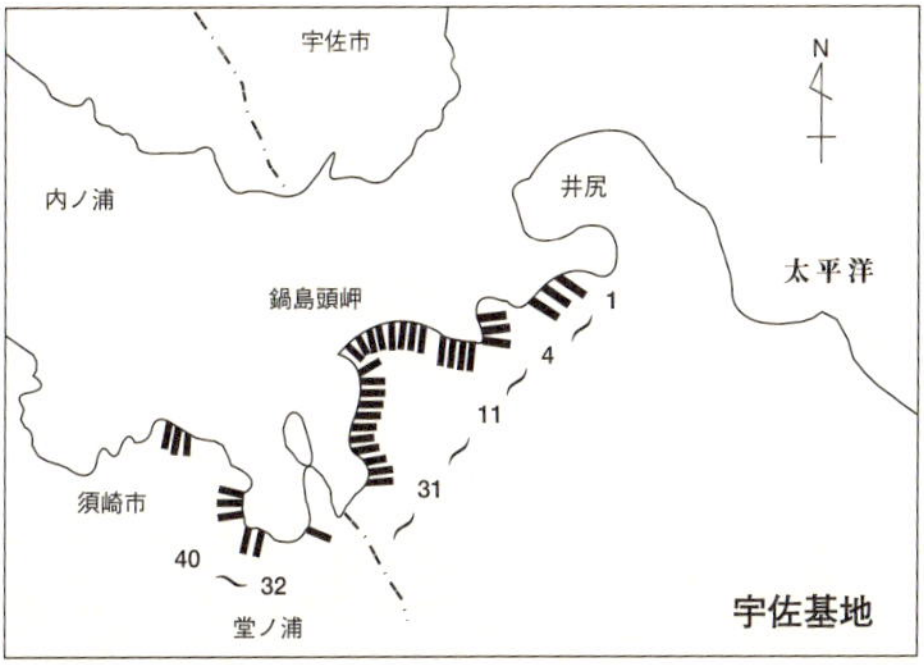

震洋艇は一型艇五十二隻で、搭乗員は乙種第十九期、後に補充として第二十期二名が追加された。

中平部隊長と搭乗員五十二名は、宇佐の国民学校の講堂で合流した。宇佐は四国では有名な鰹漁業の盛んなところで、空家になった鰹乾燥小屋を軍が接収した。対岸の井尻の震洋隊基地の完成まで、その小屋に分宿して伝馬船で通った。

井尻《いじり》から須崎（現須崎市）にかけての宇佐湾には、回天隊（第七）駐屯計画があったようで、現在でも約四十個の大小の格納壕が残っている。一型艇五十二隻であれば、そんなに多くの格納壕は必要なかったはずである。

労働力が不足していたので、朝鮮人を強制連行してきて、格納壕と防空壕などの基地を建設したと、搭乗員の一人大分県中津市の林一男（81歳）は証言する。

井尻の港口の南岸から横浪半島の浦ノ内にかけて四十個の格納壕があった。新設された宇佐大橋を渡って現地を訪れたが、普通車がやっと通れるほどの海岸道なので途中で引き返した。

当時、宇佐から井尻までの交通機関といえば、小さな伝馬船の渡しだけだった。

格納壕の完成が近づいた六月初旬、「㊃の特攻兵器が高知駅に着く、搭乗員は全員受領に行け」と命令が出た。

駅の警備と高知港から宇佐港までの海上輸送が目的だった。艇隊長と搭乗員は全員トラックで高知駅へと向かった。

高知駅の引込線には、白いシートを被せた一型震洋艇が到着していた。高知港までトラックで搬送して、そこから搭乗員が乗って宇佐基地まで操縦することになっていた。搭乗員たちはいつ作業が終わるか分からないので、時間をもてあましてしまった。熊本出身の森山が、冥土の土産にはりまや橋を見に行こうではないかと提案した。

久方振りに街に出た喜びもあって、歩いてはりまや橋まで行くことにした。特攻服を着て首に白いマフラーをなびかせた一団が、電車通りを大騒ぎしながら行進した。特攻服とマフラーでは人目について、市民は何事かと足を止めて見た。

たまたま、はりまや橋の近くを、高知航空隊の将校三人が通りかかった。

「おい、貴様ら、ちょっと待て！　搭乗員の服装をして街を歩くことは禁止されているはずだ。何と非常識な奴らだ。こっちへきて一列に並べ！」

将校の一人が呼び止めた。三人は大尉の襟章《えりしょう》をつけていた。

「俺たちは高知航空隊の者だ」と名乗った。

高知航空隊の将校に見つかり、大変なことになってしまった。

当時、搭乗員の服装をして街を歩くことは禁止されていた。敵のスパイが特攻隊員を殺すといわれ、満州（中国東北部）では実際にゲリラによる暗殺事件が起こっていた。

「貴様らはどこの隊だ、名乗れ！」

全員冷汗をかいたが、第五十震洋隊と名乗るわけにはいかなかった。

続いて「隊長の名前は？」と言った。彼らは沈黙するより方法がなかった。

高知駅へ震洋艇を受領に行った搭乗員

「貴様ら、どうして部隊の名が言えないのかっ、こっちにこい！」
三人の将校は怒って、搭乗員を殴りつけ始めた。将校がはりまや橋の近くで、飛行服とマフラー姿の搭乗員をひどく殴っているので、たちまち黒山の人だかりとなった。震洋艇の受領にきたと言えば無罪放免になったかも知れないが、彼ら三人の将校は震洋隊員ではない。
全員白いマフラーだけを外して、足早に高

知駅まで帰ってきたが、はりまや橋の一件を艇隊長に報告するわけにはいかなかった。

土佐湾に陽が落ちる頃、高知港から浦戸を経て、海上を宇佐基地へと試乗運転を兼ねて搬送した。

震洋艇が宇佐基地に到着すると、搭乗員は翌朝から本格的に夜間訓練を始めた。一隻ある五型艇には部隊長が乗って、編隊、展開の指揮を取った。

中平部隊長が町長の息子ということで、震洋隊に対する住民の態度は非常に好意的だった。休日には搭乗員を家に呼んで、湾で取れた魚をご馳走したり、さつま芋でもてなしたりした。

搭乗員に対する海軍の待遇はよくて、十分な食糧を与え、酒は一週間に一本配られた。それに比べて整備員と基地隊員は粗末な食糧しか与えられず、民家に行ってさつま芋などをもらった。

いよいよ出撃が噂される頃になると、搭乗員たちの酒量がぐっと増えた。どうしても熟睡することができず、酒の勢いを借りて酔っ払って寝た。佐賀県武雄市在住の八坂藤雄（82歳）などは、訓練燃料のアルコールをドラム缶からこっそり抜き取ってきた。

飯盒の中にアルコールを入れて砂糖を交ぜ、マッチで火をつけるとぱっと燃え上がった。長く炎が出るとアルコール分がなくなるので蓋を被せて消した。水で適当に割って飲んだという。

搭乗員の宿舎には上官がいないので酔っ払い、翌日は二日酔いの頭痛で苦しんだ。夕方になると酒を求めるなど、いらいらが日々激しくなっていった。

七月に入ると日本列島の太平洋岸で敵機動部隊の動きが活発となった。艦載機の空襲が頻繁となり、防空壕に避難する日が多くなった。

「敵上陸の日が早くなるんじゃないかなあ」

太平洋側の海面を眺めながら、八坂はひとりつぶやいた。

それまで搭乗員は宿舎が分散していたが、基地の近くのお寺で集団生活を始めた。出撃命令が出た際に、すぐ基地に集合できるためだと言われた。

その頃、搭乗員は休日だけ宇佐の町に下宿することになった。八坂は佐賀県鹿島市出身の村上明（81歳）と二人、松岡留吉宅に下宿した。

(7)　土佐清水の越基地

東京都出身の都築《つづき》庄司著『第百三十二震洋隊隊史』によって、渡辺部隊の訓練の概要を知ることができる。

訓練

ア、基地進出直後、足摺岬行軍を実施、地形偵察岬周辺の海上、地形、地物の認識、演習。また宿舎の清水小学校に於て、棒地雷による対戦車肉迫攻撃訓練、基地周辺に於ける対空監視訓練の実施。

イ、震洋艇の黎明訓練の実施。

七月十七日、夜間全員参加で越―清水港外尾浦先沖附近に於て、編隊航行、襲撃訓練を演習、併せて震洋艇の耐波性試験を実施した。この際〇四四五頃、一九九艇が機関故障で漂流、搭乗員二名（田村敏男、武田勇）海中に脱出、救出するという事故あり。

ウ、七月上旬、新艇五隻を宿毛隊本部に受領に行き、帰途回航訓練実施中。夜間燃料切れのため古満目港沖の洋上付近で全艇漂流。翌日、早朝救出される事故あり。

土佐清水の越湾は、高知県内の震洋隊基地の宇佐、野見湾のような大きな湾ではない。だが、太平洋側からは一応遮断されて湾内の様子は見えない。懐の小さい狭い湾ではあるが、格納壕の位置が最適であった。約十五個の格納壕の横穴が、現在ほぼ完全な形で残っているのは、全国的に見て越基地だけではなかろうか。

地元清水町の勤労奉仕隊が掘ったという説と、基地隊が掘ったという説があって、はっきりしていない。素人の奉仕隊の老人と婦女子では、約十五個の格納壕を掘ることは無理だ。

第百三十二震洋隊の都築庄司によると、搭乗員が到着した時格納壕はまだ掘っていなかったと証言する。基地隊を率いて先発隊できた増田艇隊長は、まず八幡神社の裏山に兵舎を建設し、その後に防空壕を掘ったと都築は説明する。

都築は管頭《かとう》艇隊長と一緒に、呉潜水艦基地を出発し、六月二十一日、越基地に到着してから、初めて渡辺部隊長と合流したという。

越基地の格納壕の一つの長さは二十メートル、大きいものは三十メートルもある。爆薬庫、資材庫、燃料庫もあり、全部が震洋艇の格納壕として使用されたわけではない。見た目には地盤が堅そうだが、天井が崩壊したり地下水が落ちるので、全部は使用できなかったという。

三つの格納壕を中で繋いで、主に食糧庫として利用した。

十五個の格納壕が並ぶ目の前が越湾で、水深があるので震洋艇搬出用のレールの敷設は困難を極めたという。

震洋艇を安全に着水させるためには、水深十五メートルまでレールを敷かなければならない。レールを固定するために、海底に石を積み上げた。満潮になると難作業で、若くて体力のある漁民しかその作業はできなかった。

漁師の中から潜《もぐ》り経験者を捜して、女性四人が船の上で手押しポンプを押して空気を送った。

潜水夫は長時間の潜水は危険なので、数人で潜水しては交替した。レールの固定工事が捗《はかど》らないので、町役場の兵事係は、他の漁村に行って素潜りの潜水夫を捜してきた。老人の潜水夫では作業が進まず、基地隊長は潜水夫を怒鳴りつけてばかりいた。

ポンプの押し方が弱いと、水中に送る酸素量が少なくなり危険だった。

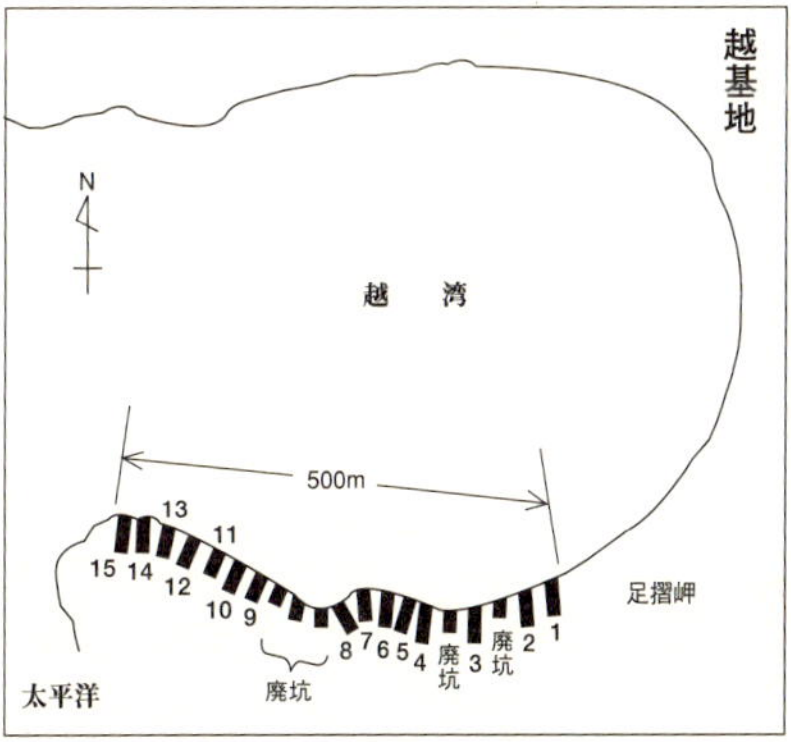

「もっと強く押すんだ。空気が海中に届かんじゃないか！」

ポンプ方の女たちは、きついからといって手を休めることはできない。手を緩めると酸欠となって、潜水夫の命にかかわる。ポンプ方の女たちが悲鳴を上げて、もう体がきついから帰らせてくれと基地隊長に訴えた。勤労奉仕であるから無料、今度はポンプ方が集まらなくなった。

レールの敷設《ふせつ》に日数がかかり、完成は予定よりも四、五日遅れた。

呉港から輸送艦で送られてきた五型震洋艇は柏島基地で降ろし、続いて越基地まで回航した。越基地からの帰りにグラマンの襲撃を受け、輸送艦は泊浦沖で沈没した。

越基地の本部は網元の松本松繁邸で、渡辺部隊長と艇隊長三名は離れに宿泊した。搭乗員は到着後しばらくは国民学校を宿舎として使用した。空襲後、集団で宿泊することを止めて、本部近くの民家三軒に分宿した。

基地隊員と整備員は、八幡神社の裏山の中腹に兵舎を建て、近くに全員が入る大型の防空壕を掘った。

敵に震洋隊基地を発見されることを恐れ、第二十一突撃隊本部は、太平洋上での訓練を禁止した。ところが渡辺部隊長は、実戦に備えて訓練しないと、太平洋上での操縦は困難だと主張して、単独で夜間での編隊訓練に踏み切った。

第百三十二震洋隊の搭乗員だった二階堂清風は、『海の墓標―水上特攻震洋の記録』で、次のように記している。

「土用波《どようなみ》という言葉は知っていたが、本場の土用波を肌で感じて恐怖に駆られた。長さ六・五メートル（五型艇の全長。一型艇は五・一メートル）の震洋艇が、その波頭に乗ると、にっちもさっちもいかず、スクリュウは空回りして文字通り空を切る。

そのうち波に押されてジワジワと逆落とし。

土用波の谷底に落ちると、奈落の底に堕《お》ちたよう。視界のすべてが水と空の世界で、震洋とは太平洋を震撼させる、に由来する名であるそうだが名前負け。震洋が震えた。私は乗り物に酔う性質《たち》で特に船には弱く、少しでも海が荒れると、蛸《たこ》が酔っ払ったようになったものだが、震洋艇に乗った場合は命懸け」

大村湾や四国の湾内での訓練は波が穏やかで操縦しやすいが、太平洋の波は想像以上だと、二階堂はその恐怖を述べている。実際に訓練中震洋艇の一隻が座礁して、爆発は免《まぬか》れたものの使用不能になったというのだ。ベニヤ板製の震洋艇は、岩礁などの障害物に当たると破損する弱点を持っていた。

土用波の恐怖について二階堂は正直に告白しているが、本番前の洋上訓練を決断した渡辺部隊長の考えは正しかったといえる。

(8)　特攻おばさん

第二十一突撃隊に配属が決まった半谷達哉中尉と渡辺国雄中尉は、六月二十日、呉潜水艦基地を出発して、高地県宿毛《すくも》の第二十一突撃隊の本部へ向かった。それまでは派遣先が決まらず、宿毛へ着いて初めて担当の震洋隊が決まった。

半谷中尉は、幡多郡大月町柏島基地の第百三十四震洋隊、渡辺中尉は幡多郡清水町越基地の第百三十二震洋隊の部隊長に任命された。派遣部隊が決まると、二人は翌日、呉潜水艦基地へ引き返した。

数日後、呉海軍工廠で震洋艇を受領すると、輸送艦に積み込んで海路三時間で柏島基地へ着き、五型艇二十五隻を降ろした。

柏島基地ではすでに基地隊員が到着して、島民の勤労奉仕で格納壕が九ヶ所が完成していた。柏島の周囲は約四キロ、島の中腹にある木造校舎の国民学校を搭乗員の宿舎にした。格納壕の入口から海中までの台車を滑らせるレールの敷設が遅れて、震洋艇は対岸の渡し地区の入江に繋留し、木の枝を上から被せて偽装した。部隊長と搭乗員は、渡し地区にある網元の屋敷に宿泊することになった。

格納壕は島の北側に面して、一応、太平洋側からは見えない位置にあった。一つの格納壕には三隻の震洋艇を収容して、入口には木の枝と竹を積んだ。格納壕の十数メートル上に大型防空壕を掘って、機械倉庫にした。

基地隊員は、島にある寺の近くの民家に宿泊することになった。

第百三十四震洋隊は、総員百六十名、柏島の入口とほぼ同じ数であった。柏島の南に沖ノ島があるが、太平洋からはほぼ丸見えで、搭乗員の訓練には適していなかった。ただ豊後水道を北上する敵機動部隊に対しては、側面からの攻撃は有利であった。

太平洋の荒海の中を出撃できるかどうか、その点は全く未知数であった。昼間はグラマンから攻撃を受けるので、体操と座学を中心に戦略を練った。そこで問題になったのは太平洋上の土用波のことで、震洋艇が耐えられるか、その不安は日に日に大きくなった。

部隊長は、夜間訓練の実施を決断すると、艇隊ごとに編隊訓練を行なった。柏島基地の沖には岩礁があって、夜間の編隊訓練には危険が伴った。さらに訓練時間が短いために、搭乗員の練度に問題が残った。訓練で震洋艇を失うよりも、戦力を温存する方向に方針を変えた。

敵潜水艦が頻繁に柏島の沖に浮上したり、潜望鏡が白い波を立てて海面を走る様子が、見張所からはっきり見えた。

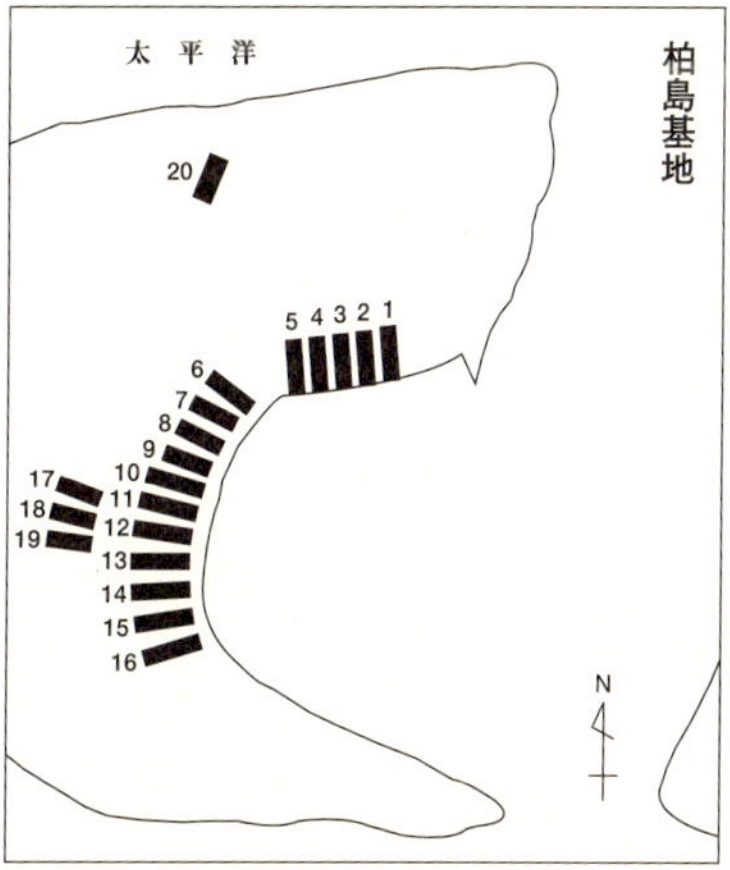

ある日、飛行艇が沖ノ島と柏島の間に不時着して、救命ボートで脱出した。そこへ潜水艦が浮上すると、飛行士を救出して姿を消した。

グラマンの空襲が頻繁になり、潜水艦が日中堂々と沖を航行するようになって、搭乗員たちは出撃に向かって心の準備を整えようとした。訓練もままならぬ状況の中で、搭乗員は時間をもて余した。

小野一は島の灯台に上って、ぼんやりと海を眺める日が多くなった。今改めて死と向かい合ってみると、それを自分にどう納得させたらよいのか。どう処理したらよいのか、急には分からなかった。

「島での最後の生活は、青年期の私にとって、死というものを考えに入れなければ、実に楽しいものでした」

と、小野はしんみりと振り返る。

人恋しくなると露地へ出ることにした。そこには島の人たちの笑顔があった。子どもたちに誘われて海岸を歩くと、色とりどりの珊瑚礁が見え、珍しい魚が群れをなして泳いでいた。大きなウニが取れると、石で割って食べることもあった。

北国津軽の暗い海と空ばかり見慣れて育った小野にとって、南国土佐の海のなんと明るくてきれいなことか。懐かしい青森の故郷の自然と家族のことを思い浮かべた。

「この世に戦争さえなかったらなあ……」

ふと気弱く呟くことがあった。

現在の柏島は、対岸と一本の橋で繋がっているが、戦前は宿毛との往来は海上交通のみであった。

柏島は半農半漁であるが、島の中には耕地はない。農業をしようとすれば、対岸に伝馬船《てんません》を漕いで渡って作物を作り、夕方島へ帰ってくるしかなかった。公共施設といえば、国民学校と郵便局、それに駐在所しかない。唯一の銭湯には、夕方になると人々が入浴に集まり、島の社交場となった。

「自分が軍隊にいるという気がまるでしなかった」と、小野は回想する。

搭乗員たちは、夕食が終わると宿舎を脱け出し、芋焼酎《いもじょうちゅう》を下げて親しい家を訪れた。その日に取れた新鮮な魚を食べながら焼酎を飲み、夜遅くまで話し込んだ。島民はまだあどけない搭乗員を見つめ、やがて死ななければならない不条理に涙ぐんだ。

柏島基地での搭乗員の生活は、給料をもらっても使い道がない。いつ出撃するか分からないので、小野は大部分を青森の実家に送金した。搭乗員たちは手持ちの金を集めると、芋焼酎を買って飲んだ。

倉持信五郎は東京は両国生まれの江戸ッ子気質《かたぎ》、歯切れの良い東京弁で島民から親しまれた。

嫌なことは一手に引き受ける男気があり、搭乗員の仲間から信頼されていた。

倉持は漁師の女房にも人気があって、船溜りに出かけては彼女たちを相手に世間話に興じた。

格納壕前の海面は軍専用なので、漁船は繋留できない。対岸の渡しには鰹小屋があって、せいろに入れた鰹を乾燥させた。棚が何段もあり、黴《かび》の生えた鰹が積み重ねられていた。

庭には大きな釜があって、その上で鰹を蒸していた。鰯《いわし》のような小さい魚は、御簾《みす》の上に並べて日干しをした。甘ったるい魚の香りが、潮風に乗って流れた。

その匂いをかぐと、もう夜が待ち切れなかった。親しい整備員に頼んで、燃料用のアルコールを手に入れた。飲んだ翌日は二日酔いで頭痛がしたが、エチルアルコールそのものは毒ではなかった。

「倉持二曹、メチルだけは駄目だぞ。目が見えなくなってコロリだよ」

ドラム缶から抜いたエチルアルコールを、整備員は笑いながら倉持に渡した。倉持は宿舎に保管している特攻食の牛缶を失敬して、その整備員に渡した。

エチルアルコールとメチルアルコールの違いを、倉持は作業をしている女房たちに話していた。そこへ初老の婦人が話の輪の中に入ってきた。

「メチルアルコールもエチルも同じこと、工業用のアルコールで劇薬だ。特攻隊員が脳をやられたら、それこそ絶対に駄目だよ」

と、頬被りのタオルを取ると怒り始めた。

「敵が上陸してくれば明日の命はない。そんなに酒が飲みたけりゃ、安満地《あまじ》のわしの家にきなさい。芋焼酎ならいくらでも手に入れてやるよ」と言った。

島の女房たちは、彼女のことを〝兵隊おばさん〟と呼んで有名だった。

毎日のように安満地から渡しにやってきては、四国防衛道路の工事現場の兵隊や、朝鮮人飯場に出入りして、胡椒《こしょう》やニンニクを渡して食事の世話をした。強制連行された朝鮮人たちからは、「オモニ、オモニ」と言われて母親のように慕われたという。

倉持は宿舎の国民学校に帰ると、さっそく小野に兵隊おばさんのことを話した。搭乗員から酒代を集めると、翌朝、倉持は安満地に兵隊おばさんを訪れた。

「まだ若いのに、国のために命を投げ出すとは、もったいないことだ……」

兵隊おばさんは手を合わせ、ぽろぽろと涙を流した。

村外れの山道を少し登ると、畑の中に小さな藁葺《わらぶ》き小屋が見えて、小川が流れていた。兵隊おばさんが扉を開くと、さつま芋の匂いがした。正面にかまどがあって、その横に大きな瓶《かめ》が三本並んでいた。

奥の部屋には棚がいくつもあり、蓆《むしろ》の上には切干しのさつま芋が一杯干してあった。

「さつま芋を切って、乾燥させたものを瓶に入れてこうじ菌を入れるんだ。蒸留器の管を水で冷却すりゃ、そこの竹筒から芋焼酎が落ちる」

彼女は芋焼酎ができ上がる仕組みを説明した。竹筒から透明の液体が、ゆっくりぽとぽとと落ちていた。かまどで火を焚いているので、部屋の中は暑くて汗がにじみ出た。強烈な焼酎の匂いが充満して、目を開けることができなかった。

山にあるその小屋が、兵隊おばさんの芋焼酎の密造小屋だったのだ。ふちの欠けた湯呑み茶碗ですくって飲むと、腹の底まで届くような液体が焼きついた。

「こりゃエチル並みの度の強さだ」と、倉持は悲鳴をあげた。

「そのままじゃ喉を焼いてしまうぞ、水を割って飲めばいいよ」と言って笑った。

最初は芋の腐ったような匂いが、口に合わないと言って吐き出す搭乗員も何人かいたが、アルコールと違った芋焼酎の風味に慣れると、病みつきになって注文が増えた。兵隊おばさんは、搭乗員をわが子のように可愛がった。そのうち誰ともなく彼女を特攻おばさんと呼ぶようになった。倉持は、それ以後、密造小屋に行った記憶がないというから、彼女が安満地から背負って届けてくれたらしい。

搭乗員は芋焼酎の匂いには閉口したようだが、慣れると口当たりもよく、毎晩のように酒盛りが続いた。

アルコール度の強い焼酎を飲むと、大量の水を飲みたくなる。ある日、酒の肴に鰹の半干しを一人に三本配って飲み始めた。猫がするめを食べて腰を抜かすという話がある。夜中になって鰹三本分が腹の中で突然、膨張して全員が苦しみ出した。国民学校の便所に長い行列ができた。

翌朝の点呼になっても搭乗員は下痢のために、腰を抜かしてしまったのだった。教室から出ることもできずに苦しんだ。

「大変だ、伝染病ではないか」

部隊長は顔色を変えたが、下痢の原因が鰹の食べ過ぎだと分かって大笑いとなった。

第三章――出撃命令

(1) 懐かしき人たち

『第二十一突撃隊戦時日誌』（昭和二十年三月十五日～七月三十一日）によると、第一警戒配備の命令が三十一回も下令されている。臨戦態勢に入っていることで、「出撃！」と部隊長が手を上げると、一斉に出撃することになる危機一髪の状態であったことがこの日誌で分かる。

その事実を第二十一突撃隊管轄下の震洋隊の搭乗員にたずねても、ほとんど知らされていないことが分かった。『第二十三突撃隊戦時日誌』は残っていないが、上部組織が第八特攻戦隊なので、第二十一突撃隊とほぼ同じ内容と考えられる。

「七月二十八日派遣基地各指揮官宛
　信電令第八号
二十八日一八一六ニ於ケル敵水上艦隊ノ位置、室戸崎ノ二一八度、一〇〇粁　今夜ハ特ニ海面見張警戒ヲ厳ニセヨ、越《こえ》、古満目《こまめ》、柏島方面ハ敵ノ砲撃ニ対シ警戒ヲ要ス」

柏島基地の第百三十四震洋隊と、越基地の第百三十二震洋隊の二隊のみに、第一警戒配備が下令されている。須崎の第二十三突撃隊の各基地には全く動きがなかった。各部隊長の判断だけで行動するとは考えられない。命令系統がかなり混乱していたのではないかと考えられる。

『海の墓標—水上特攻震洋の記録』で、二階堂清風は、越基地の第百三十二震洋隊の七月二十八日の状況を記録している。

「搭乗員整列！

静寂を破る不意の命令下達。意表を衝かれた我々は、発条仕掛けに弾《はじ》かれたように、押っ取り刀でその浜辺に集まった。真っ先に視界に飛び込んできたものは、急造のテーブル。既にクロスが掛けられてあり、その上には遠目からもそれと読める〝恩賜《おんし》の酒〟の一升瓶。遂に来るものが来たか……。この招かざる客めが……。

同年三月末、特別攻撃隊員に指名されてから、特訓に特訓を重ねて来たのは、『兵を養うこと千日、用は一朝にあり』。いつかはこの日が来る、と覚悟を決めていたものの、いざその死に直面すると、言い知れぬ感動と感情が入り乱れ、電気のようになって全身を駆け巡った。これを武者振いとでもいうのであろうか。

整列を終えると『出撃命令、十二時間待機』と下令された。〝死の宣告〟じんと胸に響いた」

この十二時間待機というのは、敵上陸部隊が上陸を企図して、本土沿岸に接近しつつあるとの情報をもとに、いつでも出撃できるよう準備態勢を備え、最大十二時間まで待てということで、いわば死のお預けのようなものだと二階堂は説明する。

もしも十二時間経《た》っても敵がこなければ、この出撃待機命令は解除されるが、搭乗員にとっては出撃命令と同じ重い意味を持つのであった。

搭乗員が必中の鉢巻きを締めて、軍刀を握り、別れの盃を傾ける姿を、街の人たちは出撃だと気付いて見送りにきていた。

柏島基地の倉持信五郎は、二十七日の昼頃、お世話になった立石という家に別れに行った。「立石さん、今夜出撃するかも知れません。お世話になりました」と挨拶した。立石の家族は涙ぐんで深々と頭を下げるだけで倉持の顔を見ることができなかった。

同じ柏島基地の小野一の手記『十七歳の特攻兵の記録』（一九八一年九月、別冊中央公論）の一部を紹介しよう。

「おばあちゃんとの出会い

特に楽しい思い出は、六十歳の旧家のおばあちゃんが私を大変可愛がってくれたことである。年齢も僅か十七歳で親元を離れ、遠い北国からはるばる、この四国の果てまで来ていること、さらに特攻隊員として、いつ死ぬかも分からぬ身の上であったため、何か不憫《ふびん》に思ったのであろうか。

当時、珍しかったカレーライスを御馳走になったり、縁側で昼寝をしたり、五右衛門風呂に入り、おばあちゃんに背中を流して貰《もら》ったり、私もおばあちゃんの肩を叩いたりしてあげた。それは本当に自分の家に居るような、楽しい雰囲気であった。

出撃命令

七月のある日（はっきりした日は思い出せない）突然、非常呼集がかかった。隊長が緊張した面持ちで、『敵艦隊が土佐湾に向け進入しつつあり。明日〇一〇〇出撃する。これより十二時間待機につけ！』と、いつもより甲高い声で命令した。いよいよ十二時間後には出撃である。

その時、私は一瞬ブルッと武者震いに似たものが走ったが、その後は自分でも不思議に思うほど冷静であった。

急いで宿舎に帰り、用意していたとおり、下着も褌《ふんどし》のはてまできれいな物に着替え、さらに飛行服に身を固め、日の丸の鉢巻きを締め、日本刀を片手に持つと、途端に身も心もキリッと締まり、『よし！　やるぞ！』という気になった。それから今まで溜めて置いたタバコや日常品を持って、お世話になったおばあちゃんに別れの挨拶に出掛けた。

途中、村人に何人か出会った。その時すでに出撃命令が知れ渡っていたらしく、いつもは行き会ってもにこやかに挨拶を交して居たのだが、その時から我々に対する対応が全く違い、大人から子供まで、私が通ると道路の脇に立ち止まり、一言も云わないで厳粛な面持ちで深深と頭を下げるのである。まるで神様にでも対するような敬虔《けいけん》な目差しであった。私はすっかりドギマギしてしまい緊張して返礼した。

おばあちゃんの家の玄関で、『おばあちゃん、明日午前一時に出発です。今まで大変お世話になりました。おばあちゃんも身体を大切にして、自分の分まで長生きして下さい』と言い、挙手の礼をすると、しばらくポカンと私の顔を見ていたおばあちゃんが、突然、板の間に顔を押しつけて、『何故《なぜ》死んのか！　何故死んのか！』と、大声で身体を震わせ乍《なが》ら泣きじゃくった。

私はその時、おばあちゃんが何故そんなに泣き狂うのか不思議でならなかった。多分しっかり頑張って下さいと励まされるとばかり思っていた私は、若いというのか何と云うのか、今にして思えば人の心の機微も分からず、余りにも単純な少年らしい心であった。又それだからこそ簡単に死地に飛び込んで行けるかもしれない……（略）……」

憧れの予科練に入隊した頃の小野一

真夜中の午前一時に出撃が決まり、夕食後一眠りするつもりで横になると、そのまま深い眠りに落ちた。周囲が少し騒々しくなったので眼が覚めると、太陽がもう東の空に上がっていた。

「おい、お前、よう眠っとったなあ、出撃命令は解除になったぞ」

倉持が横で笑っていた。小野は生きていることが信じられなかったという。

その日から島民に会うのが恥《は》ずかしくて、小野はしばらく外に出ることをためらった。一週間後、小野はおばあちゃんの家を訪ねた。

玄関に入ると同時に「よかったのう。よかった、よかった」と、喜びを身体一杯に表わして、小野を抱くように喜んだ。

柏島のおばあちゃんの名前は縞恵《しまい》である。

家族の話によると、小野が出撃する予定だった七月二十八日の午前一時、おばあちゃんは食事も取らず泣くばかり、震洋艇のエンジンの音が聞こえると家から飛び出て、堤防の上から暗い海面を眺めていたという。戦後、いよいよ復員して柏島を離れる時は、船が見えなくなるまで涙を流しながら手を振って見送ってくれた。

(2) 糾弾

八月初旬のこと、敵水上艦隊接近の情報で臨戦態勢に入った越基地と柏島基地は、夜中に解除となり朝の太陽の光がまぶしかった。いよいよ出撃が近いことを知った搭乗員は、身辺整理をして新しい下着を準備した。極度の緊張と興奮が過ぎた後は、精神的な空白が生まれた。搭乗員は気持の整理がつかないまま、やり場のない感情に耐えられなくなった。

柏島基地では、敵の艦砲射撃の危険から守るために、国民学校の宿舎を引き揚げ、格納壕の一段上の大型防空壕に移るように命令された。壕の中は広いが入口が狭く、海岸とはいえ通気が悪く湿気が強い。搭乗員全員が入居すると、蒸し返るような暑さとなる。入口に蚊帳《かや》を垂らしたが、大勢が出入りするのでわんさと蚊が進入した。蚊の襲撃と暑さに耐え切れず、彼らは毛布を抱えて防空壕を出ると、堤防に行って寝ようとした。堤防は風があって涼しいが蚊の襲撃がひどく、泣き出しそうな顔をして防空壕に戻ってきた。

毎夜、睡眠不足が続くといらいらが募《つの》り、ちょっとした言葉のやり取りで口論になる。予科練以来の同志的結束にすきま風が入って、ぎくしゃくとした人間関係が生じるようになった。芋焼酎の酔いが加わって、ものごとが大げさになってしまう。上官がいてコントロールすることもないため、若い集団は歯止めがきかずに暴走を始めた。

「隊長と艇隊長は、郵便局の二階で蚊帳を吊って寝ているというじゃないか。彼らだけ特別な御馳走ばかり食っているらしい」

全員が精神的に不安定の時にそんな話が出ると、何も考えずに単純にけしからんと決めてしまった。

そこの郵便局には、電話交換手と窓口嬢の二人の美人の娘がいることが不満に火をつけた。たまたま艇隊長が、そのうちの一人の娘と海岸を散歩しているところを目撃したことが話題になった。

臨戦態勢という時に、艇隊長だけが自由なことをしているのは許せないと、若い正義感がむき出しになった。

土浦航空隊、三重、川棚時代からリーダー役だった福島県出身の鈴木博が、全員の意見をまとめた。四十八名の決死隊と言われていただけに、柏島基地の搭乗員は団結心が強かった。基地を脱走して抗議しようではないか。無断で任務を放棄することは、普通は考えられないことであった。

「おい、向こう岸に渡ってから部隊長を呼び出して抗議しようではないか。いずれ任務放棄で責任を問われるに違いない。艇もろとも自爆する覚悟でやろうではないか。彼らの行動は、上官といえども絶対に許せない！」

夜中にこっそり防空壕を抜け出すと、海岸から伝馬船を漕いで、渡りを往復した。その日は満月で夜の海面は明るく、おたがいの顔がはっきり見えた。基地を脱走して上官を懲《こ》らしめるというスリルがあって、みんなその行動に酔ってしまった。

搭乗員全員が車座になって、鈴木の司会で今後の方針を決めた。まず部隊長を呼び出して、全員で糾弾することにした。

その頃、部隊本部では、搭乗員が柏島基地を脱走して対岸に集結している情報が入って大騒動になっていた。部隊長としては搭乗員が基地を脱走する理由が、全く分からなかった。自分に対して何が不満なのか、艇隊長たちも心当たりは全くないと言って頭を抱え込んでいた。第二十一突撃隊司令部から出撃命令が出た場合、搭乗員が脱走して一人もいませんではすまされない。

まもなく、代表の一人が国民学校の部隊本部へ部隊長を迎えにやってきた。部隊長はあせって、使者に向かってどういう理由で脱走したのかを聞き出そうとしたが、到着してから全員の話を聞いてくれと言った。

部隊長は伝馬船で着くと、下船しないまましばらく様子を見ていた。

「博、博はどこにおるか！」

第134震洋隊がいた柏島基地。左端に格納壕があった

部隊長は鈴木の名前を呼んだ。部隊長はこれまで、搭乗員のリーダーとして鈴木を一番信頼していた。

鈴木は人差指を口に当て、小さい声でシーッと言った。

「おい、みんな、返事をするな、黙っていろ、いいか……」鈴木が声を押し殺して言った。

返事がないので、そのうち部隊長が伝馬船から降りてきた。

「お前たちは、特攻隊の任務を放棄して何たることだ！　今、出撃命令が出たらどうなるんだ。軽挙盲動を慎《つつし》め、海軍軍人として恥ずかしいと思わないか！　自分を呼ぶ前に、不満があればどうして艇隊長に相談しないのか」

部隊長は部下の呼び出しに激昂《げっこう》していたのか、日頃の冷静さを無くしていた。彼は東大から学徒出陣で海軍予備学生二期、第百三十四震洋隊の部隊長になった。温厚な人柄で部下に対して声を荒げたこともなく、責任感ある隊長だと搭乗員は慕っていた。

「もう一度言ってみろ、何が相談か。防空壕で夜を明かすことがいかに辛いことか、部隊長は分かっていない。自分たちだけ蚊のない部屋に寝て、それが許せないんだ!」

その言葉が終わらないうちに、部隊長に殺到してぽかぽか殴り始めた。殴られて倒れたところを上から足で蹴られたので、部隊長は立つこともできなかった。ようやく起き上がって砂浜に座った。

「じゃ、何が不満なのか、今からじっくり話し合おうじゃないか」

しぼり出すように言った。

鈴木が代表して防空壕内のひどい生活を訴え、部隊長と艇隊長の私生活を厳しく追及した。搭乗員たちは、泣きながら意見を述べた。

部隊長が一番心配したことは、全員が出撃拒否を申し出ることだった。特攻隊として死ぬことが嫌だと言われることを最も恐れていたようだ。信頼していた搭乗員から批判された部隊長は、返す言葉もなかった。

「自分の配慮が足りなかった。至らなかった点は許してくれ」

と、部隊長は謝った。

これが海兵出身の部隊長であれば、その夜の脱走事件は大問題に発展したのではないかと倉持は言うのだ。

搭乗員たちは部隊長と艇隊長に対して、深い恨みがあって行動したわけではない。

「今夜のことは、ある時、ある所で、この月だけが知っていることであり、お互い水に流して……」

と、部隊長が言って終わった。

部隊長の説得で一応納得したが、上官を殴ったことはお互い心の中に重いしこりを残した。倉持と小野は以前の防空壕に帰ったかどうか記憶がないと言うが、翌朝、宿毛の第八特攻戦隊の巡邏《じゅんら》隊員が三人、四国防衛道路をサイドカーでやってきた。巡邏隊というのは、陸軍でいえば憲兵である。

搭乗員が反乱を起こして基地を脱走したことを、基地隊長の原田鶴雄兵曹長が第二十一突撃隊の本部に電話連絡していた。

国民学校の講堂に総員集合がかけられ、搭乗員が整列した。

「貴様ら何ということだ。この非常事態の時に、集団で基地を放棄して脱走するなど、日本海軍始まって以来の暴挙である。責任者は一歩前に出ろ！」

おだやかな言い方だったが、棘《とげ》のある声で全員を睨みつけた。それを聞いた搭乗員は、全員が一斉にどっと前に出た。

「貴様ら、何だその態度は！　反省の色が全くない。司令に報告の上、厳重な処置を取る。覚悟して待機しておれ！」

巡邏隊の下士官の顔色がさっと変わって、今度は威圧的に出た。それを聞いた搭乗員が巡邏隊に詰め寄った。

「軍法会議にかけるなら勝手にかけるがよかろう。こっちも覚悟の上でやっているんだ。震洋隊には爆薬があることを忘れるな！　お前たちをここから帰すわけにはいかないぞ」

鈴木が下士官に近付いて叫んだ。搭乗員全員がいきり立って、三人の巡邏隊を取り囲んだ。

「話は俺がするから、少し冷静になったらどうだ」

部隊長が両者の中に割り込んで、鈴木の手を取って言った。

巡邏隊の下士官は、体をぶるぶる震わせながら、「このことは司令に報告する」と言って講堂を出て行った。

本来ならば搭乗員全員が逮捕されて軍法会議にかけられるはずであるが、それを実行できない理由があった。

米軍の四国上陸のきざしがある中で、全員逮捕という事態になると、防衛上支障をきたすことがはっきりしていた。第百三十四震洋隊が欠落すると、戦力的にも大きなマイナスとなり、作戦そのものを根本的に考え直さなければならない。それと同時に、他の震洋隊に与える影響も無視できない。

その後、部隊長が宿毛の第二十一突撃隊本部に呼ばれた。そこで事件をどのように報告したか不明だが、大問題になったことは間違いなかった。しかし、基地脱走事件は戦況がからんで、軍法会議はうやむやのうちに不問にされた。

(3) 出撃中止命令

敵機動部隊の艦載機は、航空母艦から発進して、爆撃が終わると帰艦して再び攻撃に向かう波状攻撃を繰り返した。一日に延べ数百機が集中的に攻撃するので、日本の飛行機は邀撃のために飛び立つことができず、山陰や北陸などの飛行場に避難した。

土佐清水の第132震洋隊越基地の格納壕

グラマンなどの敵戦闘機は、新型ロケット弾で攻撃をするので、格納庫の中の飛行機は完全に破壊された。

敵機動部隊が沖縄から北上して四国沖を通過する回数が増えるにつれて、いつ上陸作戦が始まるか時間の問題と言われた。

米軍の上陸作戦に対して、四国の太平洋岸にある震洋隊基地は、いざ出撃という緊急事態に備えて、エンジンなどの調整に全力を挙げた。

越基地の第百三十二震洋隊の艇が越湾内でグラマン二機から攻撃を受け、試運転をしていた整備員が負傷した。近くの病院に運ばれて治療を受けたが、その夜亡くなった。ベニヤ板製の震洋艇が敵の銃撃に対していかに脆《もろ》いものかを知った。

超低空で越湾に侵入したグラマンの操縦士の目には、震洋艇の姿がはっきりと確認されているはずだ。当然、カメラによる航空撮影も行なっていたに違いなかった。

敵に震洋隊の基地があることを知られた以上、グラマンの攻撃はますます激化することが予想された。敵は次に震洋艇の格納壕を攻撃の標的にするのは確実で、基地隊員は急いで木の枝などで壕入口を偽装する作業をした。

昼間の湾内の訓練は不可能となり、夜間のみ懐中電灯で信号を送りながら編隊訓練をした。『海の墓標─水上特攻震洋の記録』で、二階堂清風は、その時のやり切れない心境を次のように記している。

「また暫《しば》し、鰥寡《かんか》孤独な不気味と不安、沈黙と葛藤《かっとう》、暗黒の重たい時間が流れた。しかし、遂に〝運命の時報〟は鳴らず、夕闇が迫る頃十二時間待機は解除された。どうやら敵の囮《おとり》情報に踊らされたらしい。

正直な話ホッとしたが、この『ホッとした』という言葉は、こんな時に発するものであろうか。そして思わず森永君と肩を叩き合い、頬っぺたを抓《つね》って生の味を噛み締めた。言葉はいらない。これですべてが通じる。丁度〝三途の川〟行きという名の列車に乗るべく、人生には二度と戻れぬ片道切符を買ったものの、洪水で列車が不通となり、その改札口の手前で足止めを食らったような気がした。

そう、何も死に急ぐことはない。チャンスはまだある。またもある。

だが、死の恐怖という言葉があるから、予告され、命令されて死を待つというのは、人間の最大の苦痛。世の中にこれ以上の恐怖があるであろうか。そして十七歳の少年には余りにも残酷過ぎる。

事故死のような予期しない即死的な突然死は、その人の持って生まれた運命である。これは悩む暇も心身の苦しみを感じない、アッという間の死である。

一方、老木が朽ち果てるが如く、天寿を全うする死は寿命であろう。しかし、〝特攻〟という名の死は、寿命ではなく人為的、作為的なものである。そして世の中は皮肉なもので、特攻隊員が死なず、それを支援する整備員が先に犠牲になろうとは……」

八月初旬、敵潜水艦が数隻足摺岬沖に浮上したと見張所から情報が入ると、須崎の第二十三突撃隊本部から野見基地の第四十九震洋隊に出撃待機命令が下令された。搭乗員はいざ出撃かと色めき立った。

第五航空艦隊に所属する高知航空隊は、偵察機を出動させて敵機動部隊の動きを追った。敵機動部隊は、日本の特攻攻撃をかわすために、かなりのスピードで移動した。偵察機を出動させても、なかなか敵の位置を発見できなかった。足摺岬と室戸岬の電波探知機の性能が悪く、機動部隊の位置を知るのは困難だった。大型漁船を使って監視したが、潜水艦とグラマンの攻撃を受けた。

第五航空艦隊の築城、宇佐、大分、佐伯飛行基地から彗星を出撃させることもあったが、天候次第で広域の洋上で敵機動部隊を発見することは不可能に近かった。

米空軍のような優れたレーダーがないために、偵察は目視確認に頼りがちで、視界が悪いと絶望的だった。

八月十三日の昼過ぎ、野見基地の上空を数百機のグラマンの編隊が通過すると、B29数機がきらきら光るジュラルミンの機体を浮かべて、西方に向かって行くのが見えた。

その後に無気味な静寂が訪れた。通信室が急にあわただしい空気に包まれ、通信主任が翻訳した電文を部隊本部に届けた。

それは「出撃待機命令」の電文だった。部隊長は、第二艇隊長の高井少尉を呼び、湾口にある戸島で待機するよう下令した。出撃待機命令であるから、第二十三突撃隊司令から下令があると、すぐ出撃しなければならないのだ。別れの盃をする間がないほどの出撃態勢で、第一艇隊の清家善四郎は、夜になって初めてそのことを知ったという。

待機命令はまもなく解除になった。

グラマンの大編隊とB29の組み合わせが気になり、清家は数日中に米軍の上陸が始まるのではないかと思った。

清家によると、第四十九震洋隊の第二艇隊のみに出撃待機命令が出たことは知ったが、他の震洋隊基地の情報は一切知らなかったという。

静かな野見湾にはさざ波が立って、街の民家からは煙が尾を引いて流れている。戦場になろうとしている野見の空を夕日が染めている。のどかな平和な時が過ぎていった。

妙な胸騒ぎがして、清家は一人で格納壕へ向かった。自分が搭乗する一型艇の下に潜り、スクリューと船体のベニヤ板を点検した。一人乗りの一型艇は、五型艇に比べると走行中はやや不安定だが、爆薬は同じ二百五十瓩《キログラム》を艇首に搭載している。艇自体は小さいが、全員で突入すれば恐怖感はないと思った。しかし、体当たりの瞬間はどうなのか、訓練の時、目をかっと見開いて突入しろと教員から言われたことを思い出した。目を開けるほど冷静でおれるのか、清家はとても自信がなかった。

第十九期乙の『蒼空賦』の手記で、清家は、「八月十四日夕刻、池田隊（第四十九震洋隊）全員に出撃命令が発令された」と記している。

愛媛県宇和島市に清家を訪ねた時に確認すると、「間違いなく出撃命令でした」と答えた。夕食を準備していると総員集合の命令が伝えられ、搭乗員はお互い顔を見合わせた。整備員の動きが急にあわただしくなった。基地隊員は格納壕に走った。木の枝の偽装を取り除いて、アルコール燃料を抜くと航空ガソリンと入れ替え、震洋艇を海面に降ろし始めた。爆装するため艇首に爆薬缶をセットした。整備員はエンジンの最後の点検をするために、操縦席でスイッチを入れた。

搭乗員が海岸に整列すると、部隊長は陽焼けした顔を向けて、おもむろに口を開いた。

「敵機動部隊が北上中である。わが隊はこれに対して攻撃をかける。各人冷静沈着な判断のもと、必中敵艦を撃沈せよ！　夜間攻撃であるから、ただちに準備にかかれ！」

と訓示した。

搭乗員はそれまではばらばらの服装であるが、出撃となると飛行服に着替えなければならない。みんな緊張した表情で宿舎へと向かった。

日頃から出撃用に真新しい下着類を用意していた。飛行服と半長靴に身を固めると、飛行機に乗るような気持になった。頭には必中と書いた鉢巻を締めて、手には軍刀を握った。呉鎮守府長官から渡された白鞘《しらさや》の短刀を懐《ふところ》に、震洋艇が並ぶ海岸に集まった。

真夏の午後、飛行服を着ると蒸《む》れるように暑くて、額からは玉のような汗が流れ落ちた。

一号艇を四十八隻並べてエンジンをふかすと、その轟音は海上に響き渡った。

野見基地の時ならぬ騒動に驚いた部落の住民が、何ごとかと集まってくると遠巻きに眺めた。飛行服に鉢巻姿というのは特別に目立つものだ。お互い話す言葉は轟音で聞き取れない。夜間攻撃というのに、どうして夕方から集まったのか分からないと清家は言うが、宿舎でじっと出撃を待つ気になれなかったようだ。

海岸に並べられた真っ白のテーブルが、周囲の風景とは全くそぐわない葬段のようにも見えた。

恩賜《おんし》の一升瓶が骨壺のように、並べられた盃が焼香台のように見えた。

いよいよ出撃前になると、艇隊長が部下一人ひとりの盃になみなみと酒を注いだ。右手の盃を高く上げると、部隊長がみんなの顔を見て、「諸君の健闘を祈る」と言い、一斉に盃の酒を飲み干した。部隊長の言葉は短かったが、搭乗員はその気持は十分汲み取れた。くどくどと特攻精神を述べるよりも、部隊長のその一言で十分であった。

部隊長は軍刀を肩にかけて、椅子にどっかりと腰かけた。

「おい、硯《すずり》と筆をここに持ってこい、今から遺書を残すことにする」と言った。あらかじめ本部員が用意していたのか、前のテーブルの上に置いた。部隊長は天を仰いで目を瞑《つむ》ると何か呟いた。

その言葉を本部員が、白紙に書きとめた。

清家には何を書かせたのか記憶にないと言うが、遺書を他人に書かせる方法もあるのか、と驚いて隊長の顔を見た。後で聞くところによると、池田部隊長は皇族の流れだったとのことだった。

最後の別れの盃というものは感傷的になるもので、腹の底が燃えるような熱気が突き上げてくる。どの搭乗員も深刻な表情で、無理に笑顔を作ろうとすると、全く別人の顔になってしまう。

見送りにきた整備員と基地隊員は、搭乗員の手を取って別れの挨拶をした。

「頑張って下さい」と月並みのことを言うが、その言葉ほど空しく聞こえるものはない。

太陽が沈み夕暮れだったと清家は言うが、その時、高速の駆潜艇が海上に現われて野見湾へ入ってくるのを見て、一瞬、いよいよ出撃かと緊張で足がすくんだ。

出撃命令であれば、部隊長が軽く手を上げると、震洋隊は一斉に出撃することになっていた。搭乗員はいっせいにエンジンのスイッチを入れた。彼らも湾を疾走してくる駆潜艇の動きに注目して、息詰まるような時間が過ぎた。伝令にきた将校が、小さな紙切れを部隊長に渡した。部隊長の口元がゆるむと、ほんのりと笑顔が浮かんだのを清家は見のがさなかった。きっといい知らせだ、清家は勘で状況を読み取った。

「出撃命令解除！」

部隊長の声が一段と高く響いた。中止命令が僅かでも遅かったら、通信設備を持たない第四十九震洋隊は、敵艦を求めて夜の太平洋上をさまよっていたであろう。

部隊長はもう一度、命令書を読むと、「待機だ！」と叫んだ。とにかく出撃命令だけは解除されたが、待機命令はそのままだった。

「それを聞いて正直言って嬉しかったよ。これで何時間か生き延びたわけでね」

清家は当時を回想して言った。

緊張の糸がぷっつり切れると、搭乗員たちは気が抜けたように砂浜に座り込んで、一時の解放感にひたった。いつ出撃命令が出るか分からない臨戦態勢だが、ともかく一日だけは命を繋いだ喜びで、「酒だ、酒を持ってこい！」と、本部の主計に酒を用意させた。

生きていることの喜びは何ものにも替え難く、酒を浴びるほど飲んで歌った。

もし夜中に出撃命令が出ていれば、酔っ払い操縦でどうなったか分からなかったと清家は言うが、部隊長の御機嫌はすこぶる悪かったとのことである。

翌朝の点呼に出たのは半数で、それも二日酔いで立っておれなかったそうである。清家が本部に部隊長を訪ねると、「敵機動部隊移動により、十二時間待機」と書いた第二十三突撃隊司令からの電文を見せられた。

その時の心境を私は清家にたずねた。

「特攻出撃ということは、いかに心身ともに疲れるか、これだけで想像できるでしょう。みんな口には出さなかったけれど、心の大きな負担だったんですよ。十七歳の若さで酷なことですよ」

　彼はしんみりと語った。

(4) 集団自決計画

　野見基地の第四十九震洋隊は、出撃中止命令であって解除されたわけではない。依然として臨戦態勢は続いた。時間が経つと共に二日酔いはだんだん正常な状態になり、搭乗員は元気を取り戻した。

「お前たち、酒を飲むのは構わんが、腰が抜けるほど酔うことはなかろうが、ほどほどにしておけ」

　部隊長は、搭乗員を摑《つか》まえるとからかった。

「正午にはラジオで天皇の重大放送があるから、みんなよく聞くように！」

　部隊長は天皇の放送があることを、艇隊長を通じて全員に伝えた。酔いが醒《さ》めたといっても、一晩中飲んで騒いだので疲れが出て、宿舎に帰ると寝てしまった。正午の放送を聴くことを忘れて、天皇が日本の敗戦を宣言したことを、ほとんどの搭乗員は知らなかった。夕方になって起き出すと、野見部落の住民の様子が日頃とどこか違っていることに気付いた。

　搭乗員に会うと、「今日のお昼に日本は手を挙げたと天皇が言ったよ。戦争に負けたんだってよ」と、話しかけてきた。

「神国日本が負けるわけがない。天皇の詔勅《しょうちょく》と言うが、それは国民よ頑張れと言っているんだ。そんなことは絶対にない。アメ公のデマ宣伝だ」と反論した。

ほとんどの搭乗員は、日本が降伏したことを信じることができず、敵艦がやってきたら撃滅すると意気込んだ。日本は負けてはいない、最後まで戦う決意だった。夜になって酒が入ると、血の気の多い搭乗員は、軍刀を持って山に行って木を切り倒して暴れた。

彼らは戦争に負けたことがどうしても納得できなかった。敵と一度も戦ったことがなく、負けた気がしないのは当然のことであった。

『人間兵器震洋特別攻撃隊（上巻）』を見ていると、「第五〇震洋隊中平部隊」の項に、「──出撃──八月十五日夜中、須崎市の第二三突撃隊本部から『土佐沖を米機動部隊北上中、これを直ちに撃滅せよ』の下令があり、十六日未明にかけて一部の艇が数回出撃したが、会敵せず帰隊した──」とある。敗戦の日に宇佐基地の第五十震洋隊に出撃命令が出て、実際に出撃したとは驚きであった。しかも第二十三突撃隊本部が出撃命令を出したというのだ。

その事実関係を確認するために、二〇〇八年四月二十三日、佐賀県武雄市に八坂藤雄を訪ねた。そこに佐賀県鹿島市の村上明（81歳）と長崎市の富永重利（81歳）に同席してもらった。三人は三重航空隊の乙種予科練以来の同期で、八坂と村上は宇佐基地の第五十震洋隊の搭乗員である。富永は特攻志願をしたが、みんなが川棚に出発した後は三重航空隊に残り、予科練の教員をした。

「敗戦二日前の十三日には待機命令が初めて出た。しかし、十五日には出撃命令は絶対に出ていない。八坂とは同じ震洋隊だったし、行動を共にしたからはっきり言える」

と、村上が十五日出撃説をきっぱりと否定した。

「十七、八歳の若さで、特攻隊で死ぬこともない。戦争が終わったという解放感で、芋焼酎を手に入れて飲んだよ。もう酔っ払ってしまい、出撃どころじゃなかった」と村上が言った。

天皇の放送直後から宿舎で酒を飲み始め、歌を歌ったりして戦争のことを忘れて痛飲したと言うのだ。

「宇佐湾の外まで偵察に出る必要もない、宿舎の前が湾だから、異変があれば誰かが気付くはずだ。第一、震洋艇のエンジンの音は大きいんだぞ、ありえないことだ」

八坂も同じように否定した。

佐賀に行く前日、大分県中津市で林一男に会った。第五十震洋隊の林が、意外なことを言っていたのを思い出した。

一型艇を支給された林が宇佐湾で試運転をしたところ、エンジン不調で艇隊から外され、出撃できない口惜しさで悶々としていた。

十五日に敗戦を知ると、自分一人でも敵艦に突入すると決意して、出撃の時機を窺《うかが》っていた。翌朝、港に繋留《けいりゅう》している震洋艇の偽装を取り除いた。仲間の搭乗員はみんな酔っ払っていて、誰も林の行動に気付かなかった。

基地を出ると、湾口に向けて全速で疾走して、再び湾深く戻ってきた。それを二、三度繰り返していると、何かが焼きつくような匂いがしてエンジン付近から煙が上がった。

スイッチを切って震洋艇のエンジンを見ると、オイルが切れて焼きついていた。

エンジンが真っ赤になっていたので、それがガソリンに引火すると、震洋艇は炎に包まれてしまう。故障の原因が、オイル切れにあったことを林は初めて知ったという。

編集者が何を根拠に八月十五日、第五十震洋隊が出撃したと記述したのか理解に苦しむ。林の震洋艇の湾内試走が誤って伝えられたのではないか。震洋艇の故障で仲間から取り残された口惜しさと、敗戦のいら立ちが林をそうした行動に駆り立てたのであろう。

手結基地の第百二十八震洋隊では、天皇の重大放送を聞くために電波が届きやすい海岸にラジオを置いた。雑音ばかりで天皇の詔勅は聞きにくかった。ただ戦争が終わったという感触を受けただけで、搭乗員は無言で宿舎に引き揚げた。その静かな搭乗員の様子に部隊長は不気味さを感じたのか、第二十三突撃隊本部に電話して敗戦の事実を確認した。宿舎に帰った搭乗員を呼び戻し、本部前に集めた。

「戦争終結宣言は天皇のご意志のようであるが、わが軍としての指示は何も受けていない。よって次の命令があるまで待機せよ。くれぐれもこの基地から動かないように」

部隊長は訓示が終わると、本部へ入って行った。

磯見茶屋の宿舎に戻った搭乗員は、日本の敗戦を信じることができず、敵国が流したデマ放送だと言って無視した。心の中には大きな空洞ができて、まさか日本が戦争に敗れるわけがないと敗戦を認めなかった。

しばらく議論していたが、第百二十八震洋隊だけでも敵艦に突入して戦うんだという結論に大勢が傾いた。部隊長は搭乗員が若いだけにどういう行動に出るか分からないと、艇隊長

飛行服に身を包んだ第134震洋隊の搭乗員たち

を集めて対策を立てることにした。そこに衛兵下士官の田中昭八が呼ばれた。日頃から隊内の揉《も》めごとになると、田中と甲板下士官の神保に相談していた。

「搭乗員は戦争が終わったことがまだ信じられないようだ。俺の命令を聞かずに出撃する隊員がおるかも知れん。そこが心配なんだが……」と、部隊長は二人に打ち明けた。

敗戦を知った搭乗員の心が大きく揺れ動いて、何かの衝撃で途方もない行動に出るのではないか。それを部隊長は心配していた。

一般国民は天皇の詔勅を聞いて戦争が終わったと信じている。だが海軍はまだ停戦命令を出していない。命令がない以上、組織の一員である搭乗員にとっては戦争は継続中である。

「艇のスクリューのシャフトを外しておけば、出ようたって無理なんだが……」部隊長は呟くように言った。青野艇隊長は、エンジンのプラグを外してはどうかと提案した。

血気盛んな搭乗員の前でそういう処置を取ると、大問題になると田中は言った。

住吉部落の住民は、知り合いの搭乗員に会うと、心配そうに「戦争に負けたが、特攻隊はどうするんですか？　すぐ故郷に帰るんですか？　手結に駐屯している陸軍はもう除隊を始めたそうですよ」と話しかけてきた。

陸軍が除隊を始めたと聞いた搭乗員は、心穏やかではなくなった。震洋隊だけでも戦うといった決意の一角が、もろくも崩れ落ち始めた。

一時の興奮から覚めると、時間の経過とともに戦争に敗れた口惜しさが、腹の底から突き上げてくる。

自分たちが命をかけた特攻隊とは何だったのか、叩きつけたいような怒りは酒に向かった。酒を浴びるほど飲んで憂さを晴らすしかない。

宿舎の磯見茶屋の地下室にある酒、ビール、航空ウイスキー、赤玉ワインをケースごと出して飲み始めた。ぐい飲みするアルコールは、搭乗員の口惜しさに火をつけた。

柏島基地の第百三十四震洋隊の小野一は、父から贈られた軍刀を手に、いつもぼんやりと海を眺める高台の灯台へ行った。

震洋隊員として死ぬつもりで柏島基地にやってきた。天皇が突然、戦争終結を国民に宣言しても、にわかに信じ難かった。特攻隊員としてはどうしても納得がいかず、気持の整理がつかなかった。軍刀を抜いて雑木林に入ると、気が狂ったように木をなぎ倒した。吹き飛んだ枝が空を舞い、汗が散って涙がとめどもなく流れた。

「戦争は終わったのか。口惜しい」

力が尽きて雑木林の中に座り込んで動けなくなった。

小野が灯台から降りて、本部の国民学校に帰ると、鈴木博を中心に輪になって座り、みんな深刻な表情で激しい議論を交わしていた。

海軍の軍律の厳しさは、予科練時代から身を持って体験している。搭乗員の心の中には、部隊長を糾弾《きゆうだん》して殴った過去の出来事がある。あの時点では不問にされたが、戦争が終わってもその責任を追及されるに違いないという議論だった。

「われわれの行動が上官侮辱罪で軍法会議で処罰されるならそれで結構だ。どうせ死ぬつもりで特攻志願したんだ。軍法会議で恥をさらすよりも、いさぎよく今夜、全員で自決しようではないか！　艇に乗って沖へ出よう」

誰が言いだしたのか、小野には記憶がないというが、感情的になっている時は、勇ましい意見に流されやすいものだ。沖に震洋艇を出して爆死することに、全員一致で決定してしまった。

四、五隻の震洋艇に爆薬をセットして、操縦席の自動スイッチを押せば、二百五十瓩《キログラム》の爆薬は一瞬にして爆発する。

十七、八歳の搭乗員が単純に考え出した集団自決であるが、外部の情報が全く入らない世界のことで、自然に行き着いた結論だったのかも知れない。

その時、全員に酒が入ってないことが救いであった。だんだん時間が経つにつれて冷静になると、戦争が終わった後、軍隊が解隊しても軍法会議があるのかと疑問を唱える搭乗員がいた。

彼らが第一に心配していたのは、米軍が上陸して日本が占領されると、特攻隊員が一番先に逮捕されて、処刑されるという噂であった。米軍に逮捕されて恥ずかしめを受けるより、自分で死を選ぶという軍人勅諭の条文を思いだしたのかも知れないと小野は言った。

先を急がずに成り行きを見よう、それから最終的に結論を出しても遅くはないという意見が出た。

若い搭乗員の心は揺れ動いた。

「国が敗れたから自決を考えたのではないんだ。いずれ軍法会議で裁かれ海軍刑務所に入れられるなら、男らしく死のうじゃないか。若い十七、八歳の青年が考えるようなことだが、その時はみんな真剣に自決を考えた。大勢が動きかけた時に、戦争が終わったのに軍法会議があるのかと、搭乗員の誰かが疑問を投げかけた英知というか、それがなかったら柏島基地の十五日は悲惨なことになっていた」

と、倉持信五郎は言った。敗戦という現実に直面して、搭乗員全員が追い詰められていた証拠でもあろう。

敗戦の混乱は柏島基地だけにとどまらず、四国全体の震洋隊基地でもいろんな形で起こった。

越基地の第百三十二震洋隊は、正午の天皇の放送を、「特攻隊員に激励の放送をした」と受け取った。渡辺部隊長は放送の端々《はしばし》から、戦争終結と理解した。宿毛の第二十一突撃隊司令部に電話で確認した後、搭乗員を本部前に集合させた。

「詔勅必謹である、軽挙妄動を慎むように」と訓示した。

その時の部隊長の指示について、都築庄司の記憶では「待機命令」だったという。天皇が戦争終結を宣言しておきながら、待機命令ということは、戦争継続の臨戦態勢を取るということであり、全く矛盾した方針に対して疑問を持たなかった。

他の搭乗員も部隊長の待機の意味が分からないまま夕方を迎えた。宿舎で酒を飲んで酔いが回るにつれ、気持のやり場がなくなって、隊内の雰囲気がだんだんと怪しくなってきた。八幡神社前の宿舎を出ると、越湾の左側にある格納壕の前に集まった。

「敵と一戦も交えずに戈《ほこ》を収めることは口惜しい。いさぎよく艇もろとも自決しようではないか！」

リーダーの青木が大声で叫ぶと、全員が一斉に「おーっ！」と同調した。

夕日が沈みかけて湾内は凪《なぎ》になり、感傷的な雰囲気だった。青木がもう一度、全員に確認して、夜中の十二時に同じ場所に集まることにした。

搭乗員が宿舎で議論しているのを家主が聞いて、全員が顔色を変えて基地へ向かったと本部へ知らせたようだ。

「おーい待て！　俺が着くまで動くんじゃないぞ！」

管頭《かとう》艇隊長が気が狂ったように両手を振りながら、猛烈な勢いで海岸を走ってきた。

「搭乗員、総員整列！」息をはずませながら叫んだ。一人ひとり順に殴りつけているところへ、渡辺部隊長と増田艇隊長もやってきた。管頭艇隊長は、最前列の搭乗員を拳で殴りつけた。

「貴様ら、よう聞け。このような時機に無駄死にするのなら、今まで特攻隊員として血の出るような苦労してきたことは何のためだ。これこそ犬死というもんだ」

部隊長は涙ながらに訴えた。周囲は暗くなって、波の音だけが響いた。

「まもなく戦争が終わるかも知れないというのに、どうして早まったことを考えるんだ！」

部隊長は懇々と説得した。都築はこのとき部隊長のまもなく戦争が終わるかも知れないという言葉が強く印象に残っているという。

一時の激しい感情が去ると、青木が集団自決を考えるに至った経過を、ぼそぼそと部隊長に話し始めた。

「まだ海軍は武装解除したわけではない。臨戦態勢には変わりがないので、いつ出撃命令が出るか分からん。宿舎に帰って待機しておれ！」

部隊長を信頼していた彼らは、それを裏切ったことを詫《わ》びるかのように、重い足取りで越の宿舎へ向かった。

「あんたたち、よく決心して帰ってきてくれたね。もう死んだとばかり思うとった。よかった、よかった」

宿舎のおばさんは、涙を流して喜んだ。

宿舎に帰るとみんな無言で、灯火管制の暗い灯を見つめていた。
特攻隊の搭乗員と基地隊員とでは、天皇陛下の詔勅の受け取り方は全く違っていた。特攻隊員は、最初から死ぬことを目的とした教育を受けてきた。一方、基地隊員は、補充兵として根こそぎ召集を受けて入隊している。彼らは搭乗員の父親のような年齢である。職業もまちまちで、軍隊の教育を受けたことがない兵隊ばかりである。しかし、社会的な経験は豊富だ。

本土防衛のために第一線に駆り出された老兵で、戦力は期待できなかった。補充兵は二等兵、搭乗員は二等飛行兵曹の下士官である。道を歩いていても、立ち止まって敬礼をした。それも忘れると欠礼したとケチをつけられ、子どものような搭乗員から殴られることもあった。

第百二十八震洋隊の基地隊員は、住吉神社近くの民家を宿舎にしていた。ほとんどが家族持ちで、天皇の詔勅はそれこそ神の声で、戦争が終わったことを心から喜んだ。もし米軍が四国に上陸すると、戦場になることは確実で、武器もなく竹槍で応戦しなければならない。戦争から解放された喜びは態度に表われるもので、それが搭乗員にとっては許せなかった。酒が自由に手に入る搭乗員は、宿舎の磯見茶屋で飲むと、こっそり抜け出して人目につかない住吉駅裏の森の中へ行った。

突然、戦争の終結を宣言されて、搭乗員は完全に目標を失ってしまった。酒を浴びるほど飲んで、口惜し涙を流した。磯見茶屋に残った者は、日頃から親しくしている住吉の部落に酒を持って訪問した。

当時、住吉の部落で電話があったのは、浜口という酒屋一軒のみだった。基地隊員が数人やってきて、行列を作って前の人の通話が終わるのを待っていた。

たまたま酒に酔って通りかかった二人の搭乗員が、電話の会話を立ち聞きしてしまった。

当時の電話は交換手を呼び出すと先方の番号を伝え、電話が繋がると通話できる仕組みになっていた。

「戦争が終わったから、もうすぐ家に帰るからな、みんな元気か……」

戦争が終わったことを伝え、もうすぐ帰ることを家族に知らせた。

「貴様たち！　戦争が終わったから家に帰るとは何事か！　戦争なんかまだ終わっとりゃせん。全員ここへ整列しろ！」

酒屋の前に並んでいた基地隊員は、はじかれたように二人の前に整列した。

「貴様たちは、戦争に負けたことがそんなに嬉しいのか。帝国軍人として何たることか！

この野郎」

酔った勢いもあって、替わる替わる五人の基地隊員を殴りつけた。たちまち殴り倒されて、その場に動けなくなった。

叫び声を聞いて、部落の住民がぞろぞろと家から出てくると、遠巻きにして見ていた。

たまたま通りかかった別の搭乗員が、五人に乱暴しているのに気付いて止めさせた。

その事件は、爆発事故とともに今でも住民の語り草となっている。

第四章——手結基地震洋隊の悲劇

(1)　夜須町史の記録

本土防衛の震洋特攻作戦は、天皇の詔勅後も臨戦態勢のまま、翌十六日の朝を迎えた。

手結基地の第百二十八震洋隊の搭乗員は、命令があればすぐ出撃する決意で、黒潮が打ち寄せる浜辺に立って沖を眺めていた。

連日の晴天で朝から焼けつくように暑く、海上には陽炎《かげろう》が立ってそれが敵艦のようにも見えた。

「あれは敵の機動部隊じゃないか？」

誰かがそう言えば、そのようにも見えた。

「敵の上陸なら、こんな静かなことはないはずだ。戦争が終わったというのに、土佐湾にくるわけがないじゃないか」

もう一人が否定した。

臨戦態勢の待機の情況で、敗戦が信じられない搭乗員は疑心暗鬼で命令を待っていた。四国に駐留している陸軍と海軍では、天皇の詔勅に対する受け取りが違っていた。『雄魂』（高知県郷土史）に、次のような注目すべき記述がある。

「――八月十六日午後、手結山を視察する多田副官（護土部隊付陸軍大尉多田英男）は、震洋隊所属の知人青野少尉に偶然会ったとき、『陸軍さんはいいですね。終戦だそうですね。海軍は終戦を認めないのです。今日も朝から臨戦態勢です。戦いが始まったら、陸軍も続いてくださいよ』と言われた」

陸軍は軍隊の解散準備を始めたが、海軍の第百二十八震洋隊は徹底抗戦の道を暴走し始めた。

震洋隊の手結基地で大爆発が発生したのは夕方の七時頃であった。敗戦のどさくさと秘密基地の事故であるため、海軍の事故調査は行なわれず、爆発の原因究明はされなかった。部隊長の竹中清作は、戦後、爆発事故のことは一切語らないまま他界してしまった。生き残りの搭乗隊員と住吉の住民の一部の目撃者が体験を語るだけで、事故の全貌は闇に包まれている。何人かの研究者が事故を解明しようと、現在も努力を続けている。

第百二十八震洋隊の上部組織である須崎の第二十三突撃隊の『戦時日記』は破棄処分され、その上の第八特攻戦隊の記録も一部しか残っていない。爆死した百十一名の殉職者名簿だけが残っているだけである。

第二十三突撃隊で出撃命令を下令したといわれる副長で特攻長だった堀之内少佐の手記を入手したが、内容に不明な点が多く信用できない。戦後、第二十三突撃隊司令の横山大佐が、「出撃命令も第一警戒配備も命令したことはない」と否定したと言う話を聞くと、真相は全く分からなくなってくる。横山司令は漫画家横山隆一の兄である。

戦争が終わった翌日の爆発事故であるため、遺族にはなぜ死ななければならなかったかと、無念の思いだけが残る。誰一人として責任を取らないまま、歴史の谷間に埋没されようとしている。

その中で唯一残っている記録が『夜須《やす》町史』（一九六二年刊）で、こんにちでは事件の概要を知ることができるのはその記述のみである。四十六年前の記録であるため不明の点、間違いもずいぶんあるが、その段階ではそれ以上の記録は無理だったであろう。

『夜須町史』の一部を紹介しよう。

「震洋隊は住吉神社の東隣にあった磯見茶屋の離れ座敷を借りて宿舎とし、残余は付近の民家に分宿したが、当面の任務は〝虎の子〟の震洋艇を敵の空襲から守ることにあった。

さっそく、隊員の土方仕事が始まった。まず住吉神社の参道沿いの山腹に大型の防空壕を掘り、これに続く北側の丘陵にも幾つかの横穴を掘って艇を収容し、出動に際しては、レールを敷いて海岸に運ぶ仕組みになっていた。

このほか弾薬や燃料、食糧貯蔵用の壕や兵員の陣地も必要であり、手結山地区の住民は連日勤労奉仕に駆り出され、浦戸や手結駐留の海軍陸戦隊も応援に出動するなど、壕掘り作業に余念がなかった。この作業は八月十五日の終戦を迎えても、なぜか中止する気配はなかったという。

翌十六日、戦火がやんで一夜が明けると、夜須の町筋や手結方面の人々は、一種のパニック状態に陥っていた。前夜半、海上におびただしいサーチライトの光が交錯するのを目撃した人も多かったし、夜明けには水平線上に米軍らしい艦影を見たという人も現われて、占領軍がいまにも上陸して来るのではないか、という不安に包まれた。

それを裏書きするように、手結の海軍陸戦隊は、あわただしく戦闘準備を開始した。住民に対する避難命令も出されたといううわさに、かねて目星をつけていた山間部の親戚や知人を頼って、疎開の準備を始める人もいた。

騒然たるうちに夏の日が落ち、涼風の立ち始めた午後七時ごろ、突如として手結南山の向こうに巨大な火柱が上がったかと思うと、轟然たる爆発音が地を揺るがし、入道雲のような黒煙が、すさまじい勢いで空を覆った。

『スワ！　敵の艦砲射撃か、空襲か？』一瞬、人々の脳裏に緊張と恐怖が走った。数秒の間隔を置いて第二回が、そして三回目の爆発はさらに強烈であった。その後も連続的な爆発が続き、その都度《つど》、赤茶けた火柱が黒煙を背にして無気味に浮かび上がった。

爆発現場は、住吉の震洋隊基地らしいことは分かったが、現地では生き残りの隊員や手結から駆け付けた陸戦隊兵士らが、夜を徹して遺体の収容と負傷者の救護に当たり、民間人の立ち入りは禁止された。

事故の後も爆発の原因や犠牲者はもちろん、事件発生そのものさえ一切公表はされなかったが、日を経て生存隊士らの証言によって、次の点が明らかにされた。

十六日の午後、震洋隊本部から『敵機動部隊本土上陸をもって土佐沖航行中につき、直ちに出撃準備をせよ』との無電命令が入った。

全員総がかりで艇を壕から引き出して海岸に並べ、エンジンの調整にかかったところ、突然そのうちの一隻が、洩れ出したガソリンに引火して燃え上がった。あわてた隊員が必死になって消火中、燃料タンクが過熱して爆発したため、国田豊二兵曹らは全身火だるまとなったが、付近の井戸へ飛び込んで命だけは助かった。誘爆を心配して隊長は、全員に待避命令を出した。

約十五分を経過して、ようやく火勢も衰えたので再び配置につき、事故艇を海上に押し出して投棄しようとした。その途端、艇首の火薬が大音響とともに爆発したため、作業中の兵はあっという間に空中に噴き上げられて四散した。同時にこれが起爆剤となって、瞬《また》く間に付近の艇やドラム缶が連鎖反応を起こして爆発炎上し、辺り一面目も当てられぬ修羅場と化した。

この大事故で二十五隻の震洋艇は二隻を残すのみで、他は木端《こっぱ》みじんとなった。犠牲者は青野少尉以下一一一名に上り、負傷者多数を出した……（後略）」

死亡者百十一名については次の章で述べるが、手結基地内整備員と基地隊員の宿舎として接収されていた民家は、完全に炎に包まれた。基地があった住吉部落は、爆風のために屋根瓦は吹き飛び壁は落下した。ガラスはほとんど割れて散らばった。不幸中の幸いというか、住民の中に犠牲者が出なかったことは幸運だった。もしも住民に死傷者が出たならば、手結基地の爆発事故は、全く別の悲劇となったであろう。

『夜須町史』の記述では真相にはほど遠く、納得できない。戦後、半世紀以上経過した今日、事故の真相を掘り起こすには余りにも日数が経ち過ぎている。一番若かった搭乗員でも八十歳を過ぎている。しかし、幸いにも第百二十八震洋隊の搭乗員と、事故を目撃した当時の体験者に出会うことができた。最後のチャンスだと思い、私は全国を回って関係者に会い記録を取る作業を始めた。

だが、同じ現場にいた搭乗員であっても、人によって体験に差があり、記憶がまちまちである。

事故の衝撃が大きいだけに、瞬間的記憶喪失で思い出せない場合が多い。もう一つは思い込みが激しく、後で耳にした伝聞が交錯して矛盾点も多い。それらのマイナスの部分を抜きにして、記憶を繋ぎ合わせるしかないだろう。それはさておき、証言の中から学ぶべき点も多い。体験した者でしか知りえない真実が、垣間《かいま》見えてくるからである。

(2) 証言

○落下した天井と壁

高知県香南市夜須町在住
前田些代子《さよこ》（79歳）

私の父は住吉の漁師で、大敷網で働いたり、時期によって鰹漁に出たり、半農半漁の生活でした。戦争が始まるとゆっくり漁業をやる時代ではなくなりました。若い者は兵隊に取られるか、軍需工場に徴用されたりで、老人と婦人は強制割り当てで勤労奉仕に駆り出されました。

陸軍が夜須に駐屯すると、山に陣地を築いたり防空壕掘りなど、部落の生活は一変してしまいました。

一九四五年になって米軍の四国上陸の話が浮上してくると、海軍の陸戦隊が手結山にもやってきて、私の家が派遣隊の指揮所になりました。陸戦隊といっても甲種予科練の人ばかりで、震洋隊の搭乗員と同じ年頃でした。

私の家は大きかったので、分隊士の伴少尉、塩田少尉、武藤少尉が二階を宿舎にしました。

当時、私は県立安芸高等女学校の二年生で、家に帰れば手結山の女子青年団員として、陸戦隊や陸軍の四国防衛隊の慰問会や奉仕活動をしていました。

祖父は潜り漁が専門で、母は建て網で伊勢エビを取っていました。住吉の磯は昔から風光明媚なところで、魚の宝庫として観光客で賑わっていました。夏の海水浴シーズンになると、高知駅から住吉駅まで臨時列車が出て、海岸は大勢の人で一杯になりました。

戦争末期になると海水浴客もこなくなり、漁に出ることもなくなりました。父は山口県の宇部興産に徴用になり、高知県産業報国隊で行ったきりでした。

八月十五日、天皇の重大放送があって、私はこれで戦争が終わった、父も徴用から帰ってくると喜んでいました。ところが陸戦隊は、戦争に負けて口惜しいと言って泣いているのが、どうしても理解できませんでね。そしてまだ戦争をやるんだ、と血相を変えていました。

戦争が終わると、陸戦隊員と一緒に浜に行って、予科練の歌を歌えないのがちょっと淋しい気がしました。

翌十六日の朝、浜に出ると、東の室戸岬付近から太陽が昇り、土佐湾のはるか沖まで雲一つない夏の空でした。

「あれは敵の軍艦じゃない?」私の目は沖の一点に釘付けになりました。

「何言っているのよ、きのうで戦争が終わったというのに。目の錯覚じゃないの……」

側にいた友人は否定しました。

「あれは軍艦に間違いない、何本もマストが見えるわ」

私は指差したが、友人は何も見えないと言ったのです。そういえばかげろうのようにも見えましたが、心残りしながら家に帰りました。

朝から体調がすぐれず、部屋に入ると布団に横になりました。うつらうつらしているうちに熟睡してしまい、どれくらい時間が経ったか分からない。急に家の周囲が騒々しくなって、裏山のほうから、何かを運んでくる台車の音が聞こえてきました。遠くでドラム缶を降ろしている音がしました。

頭がぼんやりとして、周囲の騒ぎの意味が分からず、起き出して見に行こうと布団の上に座っていました。

「押せ、押せ！」

切羽詰まったような何ともいえない叫びが聞こえ、その声は遠くへ去ったようでした。

もう一度、朝、沖で見た軍艦の姿を思い出して、何か関係があるのかな、といろいろ想像していました。

当時は毎日のように空襲があり、モンペ姿のまま寝る習慣があって、枕元には頭巾と救急袋を置いていました。

その時、突然どーんという大爆音がして、雷のような稲妻が走ると、家全体ががたがたと震動して、思わず布団を頭から被りました。部屋の土壁が落ち、屋根瓦が窓の外を斜めに走ってね、天井板がぶら下がって、ほこりがどっと頭の上に落ちてきました。何が起こったのか分からない、頭の中が真っ白になりました。

外にいたのでしょうか、母が洗濯物を抱えてくると、白い衣類がどさっと部屋の中に投げ込まれました。

「善樹を探してくるから……」

善樹というのは私の弟で、おそらく外で遊んでいたのでしょう。少し気分を落ち着かせて部屋の中を見ると、炊事場の戸棚のガラスが全部割れて畳の上に飛び散っていました。

その日の朝、浜で見た沖の軍艦のことをまた思い出しました。私は敵の艦砲射撃に違いないと直感して、素足のまま玄関から飛び出しました。

楓《かえで》の葉越しに目撃したのは、真っ赤な火柱と炎と黒煙の渦巻きでした。髪が焦《こ》げるような熱風が体を通り過ぎました。ドラム缶が破裂したのか、大きな音を立てて爆発しました。

家の前から見る海面は真っ赤に反射して染まってね、それはもう生きた気がせんやった。ここにいては死んでしまう、早く現場から離れようと母を探しましたが、家の中には誰もおらん。

部屋にとって返すと、洗濯物をリュックサックに詰め込み、裏に出ると近くの畑に掘っていた防空壕に飛び込みました。家の防空壕には誰もいず、その時ほど心細いことはありませんでした。もしかして家族はトンネルに逃げたのではないだろうかと思いました。

私は不安になって家の防空壕を出ると、目の前がぱっと明るくなって、火の粉が散ると、防空壕の前の雑草に火がついて燃え上がりました。

県道の坂道をトンネルの方向に向かうと、第二回目の大爆発が起こり、瞬間に熱風が後から追いかけてきました。それは何ともいえない熱風で、激しい爆発音がしたほうを振り返って見ると、ドラム缶が空高く舞い上がり、それが炎に包まれてね、もう恐ろしいというか腰が抜けそうでした。

女学校の防空演習で、空襲の時の訓練をしていたので、基本どおりに道路に伏せました。目を瞑《つむ》ると指先で鼻と耳に栓をしました。

「おい、どけ、どけ。お前そんな所で何をしとるんや。じゃまだ！」

爆発現場のほうから、数人の兵隊が負傷兵を戸板に乗せて坂を登ってきました。見るのが恐ろしいので目を瞑りました。

手結基地の爆発事故で住民が避難した土佐電鉄のトンネル

そこへ私の家を宿舎にしていた陸戦隊の中野薫さんが、上の道路から姿を現わし、家族全員がトンネル内に避難していることを教えてくれました。私一人だけ家に取り残されたと、みんな大変心配していたそうです。
中野さんの話では、第一回の爆発の時に祖母が驚いて玄関先で腰を抜かして倒れていたそうです。祖母を背負ってトンネルまで避難したが、私一人が行方不明ということが分かり、中野さんが迎えにきてくれたのだそうです。
人間とは自分が一番大事なのよ。私が部屋で寝ているのを知りながら、母はわが子を捨ててトンネルまで避難したんですからね。
トンネルに着くと、住吉の部落の人が一杯避難していました。私は母の姿を見つけると、抱きついて泣きました。

「善樹を裸のまま抱えてきたから、何か着る物はないか？」

と母が言った。私はリュックサックを背中から降ろすと、一番上にあった白い布を取り出すと善樹の頭から被せました。よく見ると私のパンツで、善樹は股の間から顔をひょっこり出しました。

私のパンツだからね、おかしいやら何やらあわてている時は何も分からんのよ。それを見て周囲の者はどっと笑ってね。パンツ騒動で大笑い、それで恐怖感は取れてしまいました。

三回目の大爆発はトンネルの中で聞きました。

ドラム缶に火が入ったのか、単発的に爆発音が聞こえたが、そのうち音が収まったようです。

「家が心配だから早く家に帰ろう」と一人が言い出しました。あれだけの大爆発だから、家は完全に焼けて吹き飛んでいると思いました。部落のみんなは帰り仕度を始めました。

「うちの者は帰ったら駄目だ。爆弾が残っていたら、いつ爆発するか分からんからのう。危険だ！」

と祖父が反対しました。祖父は日露戦争に従軍した時、砲兵だったので爆弾の知識がありました。トンネルの近くの江本という親戚を訪ね、四、五日その家でお世話になりました。

考えてみると、敵の艦砲射撃であったらどうであったであろうか。沖縄と同様、完全に焼き尽され、破壊されていたと思います。

初回の艇火災で大部分の住民がトンネルに避難したので助かりましたが、一歩遅れていたら、大変な事故に繋がったと思います。何も知らずに家にいたのは私だけで、初めの艇火災でもし飛び出して見に行っておれば、私の命はなかったと思います。陸戦隊の西谷さんのように、巻き添えをくったでしょう。

住民には犠牲者がなかったものの、家屋の被害は相当なものでしたが、政府からの補償は一切されていません。

手結基地の爆発事故は、戦場そのもので、住民の中で目の前で爆発現場を目撃したのは私一人で、あの緊張感と恐怖は、脳裡からは永久に消えることはありません。爆発後の惨状というものは、言葉には言い尽くせません。私の家を宿舎にしていた陸戦隊の西谷さんがあの爆発で犠牲になっていますからね。

＊

○出撃見送り

高知県香南市夜須町在住
浜口功（77歳）

国民学校高等科に入学すると、勉強どころか毎日が勤労奉仕で農家に手伝いに行ったり、軍隊の防空壕掘りとか、陣地作りに駆り出された。少し年上の青年は、山頂の防空監視所に動員された。敵機の数とか、グラマンなどの機種、どっちの方向に飛んだかを調べて、電話で部隊に報告した。

震洋隊の搭乗員は、住吉神社裏の磯見茶屋の離れ座敷を宿舎にして、一般の基地隊員や整備兵とは違って、特別待遇を受けとった。基地隊員は補充兵で、いつも腹が減るといって部落に遊びにきた。お腹が空くといって訴えるので、さつま芋とか握り飯を渡しとった。

八月十五日、天皇の重大放送は蝉の声でよう聞こえんやった。

陸軍の手結駐屯部隊は、もう戦争は終わったと言って、家に帰る用意をしているともっぱらの噂で、にこにこしてとても嬉しそうやった。ところが海軍は日本はまだ負けていないんじゃと、目を三角にして格納壕と防空壕掘りの勤労奉仕をさせた。陸軍は戦争を止めた、海軍はまだ戦争をやると、おかしなことじゃった。

海軍がまだやると言うからには、勤労奉仕を止めるわけにはいかん。勤労奉仕は八月十六日も続いた。

その頃はアメリカ軍が四国に上陸するとかいうて、土佐の人は毎日海を眺めて、今日は敵の軍艦がきとらんと安心したもんじゃ。

四国防衛隊とか言うて、全国から陸軍部隊が集まって、夜須の山は兵隊ばっかり、蛸壺に潜って守っとるが、雨が降ると腰まで水に浸っとった。

補充兵には銃がないので竹槍訓練をするが、軍靴がないので草履《ぞうり》ばきで歩いとった。

手結山の小高い丘に陣地を作るが、機関銃の銃口は敵には向いとらん。上陸したら後から撃つんだと言って、逆の方向についとった。

手結基地で震洋隊の訓練は見たことがない。

太平洋では三メートルの荒波を受けると一たまりもなく漁船は転覆する。波が恐ろしくて訓練をやれんから、敵のグラマンからやられるからと理由をつけた。

手結基地は太平洋側から丸見えなので、震洋艇を杉の大木の下に隠しとったが、艦砲射撃されたりB29から爆弾を落とされたら吹き飛んでしまう。

オモチャのような震洋艇で何ができるか、子どもの俺たちでも効果は疑っとった。昼の訓練はグラマンが怖い、夜の訓練は土用波が怖い、搭乗員は暇をもてあまして、格納壕を掘るか、部落の家に遊びにきた。親しくなれば酒と魚はどうかということになり、彼らも肉缶などを土産に持ってくる。

部落の人たちは、搭乗員のことを生き神様のように接していたからな。十七、八歳の青年を見ると同情して、彼らの欲しい物を与えた。

いつのまにか遊びに行く決まった家ができて、日に日に交流は深くなった。

八月十六日の昼過ぎ、二人の搭乗員が家にやってくると、出撃命令が出たのでお別れにきましたと言った。赤で必中と書いた鉢巻きを締めた顔は悲壮で、まともに見ることができなかった。俺が十五歳、彼らが二歳上だが、若い命を散らすことを考えると、やっぱりぐっと胸が痛くなる。

「後でお見送りに行きます」

俺はそれだけ言うのが精一杯だった。

出撃は夜というだけで時間は言わなかったが、激励するのがよいのか言葉を失った。

夕方になると基地全体が騒然となったので家から出て見ると、海岸の砂浜には震洋艇が二十数隻、海に向かって並んでいた。整備兵が震洋艇に群がって忙しそうに作業をしているのが見えた。エンジンのスイッチを入れたり切ったり、その騒音は耳に響いた。松並木から海岸に出て震洋艇に近寄って見ると、酒を飲んでいるような赤ら顔をして、大声で叫んでいる兵隊が何人か目についた。戦争が終わったお祝いに酒を飲んだのかと思った。松並木にもたれかかって、煙草をふかしている兵隊もいた。道の両側には、燃料のドラム缶がずらーっと並べられていた。こんなところで煙草を吸って大丈夫かなと思った。

「煙草は危ないなあ、ガソリンがあるのに」

俺は側にいた友人の中村に言った。

戦争が終わって気が緩んだのか、酒のせいなのか、海軍も意外と軍紀がないなあとあきれた。

部落の住民が何人か見送りに出てきて、知り合いの搭乗員に何か渡していた。手結基地には住吉駅前に営門があって、衛兵が二人立っていた。

何日か前に外から海水浴にきた人が呼び止められ、返事をしなかったので銃剣で刺された事件があった。立入禁止といっても顔見知りの部落の住民は勝手に出入りしていた。

艇隊長たちの指揮する怒鳴り声が響いて、海岸全体が殺気立ってきた。給油の時間がないのか、一斗缶を半分に切った缶で直接ガソリンを入れているのが見えた。ホースで給油するのと違い、溢れ落ちる量が多い。無茶なことをするもんだなと思ったが、専門の兵隊がやることだから安全だろうと納得した。

　夕方になると飛行服にマフラー姿の搭乗員が、震洋艇の回りに集まってきた。

　その時、工作小屋の前が騒然としてきた。

８月16日の出撃を見送りに行き爆発を目撃した浜口功（右）

　悲鳴なのか、叫び声なのか分からないが、異様な声がしてばたばたと倒れる姿が見えた。

　震洋艇の後のほうから赤い炎が数メートルぱーっと上がっていた。何が起こったのか分からないが、火災が起こっていることは間違いなかった。ガソリンに引火したと知ったのは、爆発事故のずっと後のことだ。

　どうして炎と煙が上がったのか、その場では判断がつかなかった。搭乗員が家に遊びにきた時に、震洋艇には二百五十瓩《キログラム》の爆弾を装着して信管を付けているので、五十メートル離れていても外の艇が爆発すると言っていたことを思い出した。

「おい、中村、逃げるんだ、危険だ！」

　道路脇の防空壕に二人は飛び込んだ。当時、手結基地の周辺には防空壕がたくさん掘られ、入口は全部西側についていた。

防空壕には何人かの知り合いが入っていて、艇の火災が何だったか話していると、「総員退避!」の声がした。しばらくは何ごともなかった。

「総員作業開始!」

防空壕の外で誰かが叫んでいるのが聞こえた。それからどれだけの時間が過ぎたであろうか。その声を聞いた直後だった。

どかーん。いきなり激しい爆発音がすると、大地が猛烈な勢いで揺れて天井から土砂が落ちた。俺はその時、防空壕の柱にしがみついたが、全く生きた心地がせんやった。しばらく静かな時間が過ぎた。

「中村、今だ、逃げよう!」

二人は防空壕を飛び出ると、炎と黒煙が渦巻く中を必死で家のほうへ向かった。家の中に入って見ると、家族は誰もいない。家のガラスは一枚もなく、壁は全部落ちていた。離れたところにある鉄道のトンネルに行けば安全だと思い、薄暗くなった県道を一人で走った。

トンネルの中には部落の人が避難していた。彼らは火災が発生した時に、基地隊の兵隊が部落の中を走りながら、避難するように知らせて回ったと言った。これは大変だと隣り近所誘い合って、トンネルまで逃げたらしい。

「あの爆発は敵の艦砲射撃に違いない」と、みんなは言った。

「震洋艇が爆発したんだ。俺は見た」と、どんなに説明しても信用しないんだ。

トンネルを出て家に帰ると、みんなで爆発現場まで行って見た。松が吹き飛んで、太い幹だけが残って、頂上の部分が燃えていた。

中が空洞になったのか煙突と同じで、勢いよく炎が上から出ていた。その明かりでやっと砂浜が見えた。砂浜には両足が千切れてしまって、胴の部分がぽつんと座っていたり、黒い物に躓《つまず》くと人間の手足だったりで、肉が焼けて悪臭が漂い、もう地獄の状態だった。石油缶が爆発しているので、炎で体が黒焦げになって木炭の塊のように固まって小さくなり、それは口では表現できん。

夜が明けると、その悲惨さには目を覆うものがあった。海上を手足が浮いて漂って、海底にも沈んどった。漁師の中で潜水の経験のある者を集めて、海底に沈んだ遺体の一部を拾い上げた。

定置網倉庫の裏にある畑には、数百メートルにわたって肉片が飛び散っていた。桑の木には毎年六月には赤い実が実るが、よく見ると肉片がこびりついていた。今でもその桑畑の側を通ると思い出す。そのうちだんだん養蚕はすたれてしまった。

八月十八日の朝、拾い集めたばらばらの遺体は、下に木材を重ね、ガソリンをかけて火葬にした。

部落の住民にとって、八月十六日という日は、永久に忘れられない弔いの日となった。

高知県香南市夜須町在住

＊

○突然、白い煙が

浜口圭介（79歳）

港のない住吉の漁師部落は、大きい漁船がつけられないので、昔から磯を中心に素潜りの漁で細々と暮らしを立ててきた。アワビとかサザエ、そして伊勢エビを取った。海岸に行けば、いろんな貝が一杯取れた。魚の宝庫で、部落にある料理屋が買い取ってくれた。定置網は資本がないとできないので、網元から頼まれてわしの父が漁師を集める元締めをした。大きな港がないので、マグロとか鰹漁船のような大型船の本拠地にはなれない。海岸が砂浜なので、ロクロを置いてよいと巻きで船を浜に引き揚げよった。

戦後は港が整備されて太平洋の波は直接叩きつけることはないが、台風の季節になると大変だ。家のような高波がやってくると、堤防ごと食いちぎってしまう。

長兄の雄彦《たけひこ》は頭が良くて、安芸中学から土浦航空隊の甲種予科練に志願した。昭和十九年、ビルマ戦線にいて、インパール作戦で偵察機に乗って戦死した。兄が予科練ならわしも海軍に入隊するつもりで、安芸町に新設されたばかりの造船学校へ行った。一期生やが造船の勉強どころか、学徒動員で朝から陸軍の防空壕掘りと蛸壺掘りの毎日で、嫌気がさして盆過ぎからは休学しようと考えとった。

兄のように予科練に行く気になったところ、兄弟二人が飛行士になることはないと父から反対された。

八月十五日、日本が戦争に負けたことで進路を変更して、もう一度、造船学校を続けようかと思った。

戦争が終わると兵隊が除隊したり、徴用された男たちが帰ってくるので、本格的な漁ができる。みんなの顔に明るさが戻ってきた、父は久方振りに伊勢エビの建て網張りに出かけると、夕方帰ってきた。磯で取ってきた伊勢エビを井戸端に放り投げた。

「震洋隊が出撃の用意をして張り切っとる。どうも今夜らしいぞ」

父はそう言うと、ポンプで水を汲み上げて逃げ回る伊勢エビを摑むと洗った。

「戦争は昨日で終わったんじゃないとね？」

わしはびっくりして父にたずねた。

伊勢エビの建て網は午後三時に仕掛けると、翌朝、網を揚げる。建て網から帰ると芋焼酎を飲み始めるので、食卓の回りをうろつく弟の三男《みつお》がうるさいといって父は嫌った。母は父の機嫌を損《そこな》わないように気を使い、お握りの凪《なぎさ》弁当を作ってわしに渡した。

夏の夕方には、六時を過ぎると凪になり、漁師の子どもたちは握り飯を作ってもらい、浜で夕食を食べる習慣があった。それを凪弁当といって、家族全員が浜で食べることもあった。

一歳になったばかりの三男を背中にくくりつけ、わしは褌《ふんどし》一つで玄関を出ると、三十メートル先にある震洋隊の工作小屋に様子を見に行った。何人かの整備員が震洋艇の上に乗って、忙しそうに働いていた。

その工作小屋は大敷網の漁師小屋だったが、海軍が接収して整備員が詰めていた。修理道具を並べて、エンジンを調整したりバッテリーの充電などをしていた。

わしが工作小屋の前まで行くと、ちょうど燃料を補給しているところで、ガソリンの強烈な臭いが鼻を突いた。その臭いに驚いて三男が急に泣き出したので、住吉の集合所の裏を通って浜に出た。
現在はコンクリートの大きな堤防が建設されて漁港らしくなったが、当時は浜には何もなかった。漁が終わると西の手結港に水揚げした。浜に立つとすぐ前が波打ち際で、沖のほうまで丸見えだった。工作小屋の前からそれに続く道の両側には、高さ三十メートル、直径一メートルを超す杉の大木が鳥居の前まで並んでいた。その下の浜に二十数隻の震洋艇が頭を太平洋に向けていた。飛行服姿の何人かの特攻隊員が、基地隊員と立ち話をしているのが見えた。

特攻隊員が家に遊びにくると、兄の予科練時代の写真を見つけて手を合わせた。彼らはいろんな特攻食を持ってくると、神前に供えてくれた。

わしと同年だろうか、若い特攻隊員の姿は神様のように思えた。戦争が終わったというのに、なぜ出撃するのかわしには分からんやった。兄もあのようにして出撃したのかと思うと、かわいそうに思えた。

本当に敵が土佐沖に攻めてきているのか、何度も沖を見ながら弟を砂辺に降ろすと二人で凪弁当を食べた。沖を見る限り艦影は一つも見えず、太陽は西の海に沈んで行った。太陽の反射で洋上はまだ輝いていた。

どれくらいの時間が経ったのか分からなかった。

工作小屋のほうが急に騒々しくなって、震洋艇の近くにいた整備員たちが、走って行くのが見えた。

　浜で夕涼みをしていた部落の人たちは、子どもを連れて急いで家へ向かった。わしは何が起こったのか興味があって、屋根越しに見える黒煙を見ていた。

白煙を見て驚き、走ってトンネルへ避難した浜口圭介

「押せ、押せ！」と聞こえたようであるが、消せ、消せといったのであろうか、はっきり覚えていない。足音がして松並木のほうで、エッサ、エッサという掛声がした。住吉神社の鳥居のほうへ向かったらしい。白い煙が二メートルほど上がるのが見えた。後で聞いたことであるが、艇のガソリンタンクに火が入ったので、そこにいた整備員がむしろを海水に濡らして、炎の上から被せたということだった。
　わしが見たのは、濡れたむしろを上から被せて、炎を消した瞬間に出た白い煙だったのであろうか。
「逃げんと危ないぞ、逃げろ！」
　誰かが工作小屋のほうから叫んでいる声がして、何人かの兵隊が横の道を足音を立てて県道のほうへ走って行く姿が見えた。わしは何か大変なことが起こったに違いないと、三男を抱いて家に飛び込んだ。あわてているので家の前の階段で躓《つまず》いて、三男を畳の上に放り投げた。家の中には家族の姿がなく、芋焼酎の瓶と皿が食卓の上に転んでいた。

兵隊が逃げるとはただごとではないと思い、泣いている三男を抱いて県道をトンネルへと向かった。

鉄道線路の手前で大爆発の音がして、一瞬、雷の稲光のように明るくなった。地面が揺れて三男が激しく泣き出した。恐ろしいばかりで振り返る余裕もなく、枕木に躓きながらトンネルへ向かった。生ぬるいような風が後から追いかけてきた。もう気が狂ったように走り続けた。そこに誰がいたのか、家族のことも思い出せない。

続いて何回か爆発が続いた。恐怖で数えることもできなかった。

「あの大爆発は敵の艦砲射撃に違いない」

と、日露戦争に従軍した一人が、知ったかぶりをして言った。

「艦砲射撃が二、三発で終わるわけがないじゃろうが」

もう一人の従軍した者が否定した。

「あれは震洋艇の爆発じゃ」

わしは震洋艇から出た白い煙を見たので、自信をもって爆発だと言った。喉がからからに乾いて、やっとそれだけ話した。

「圭介が言うのが本当かも知れんぞ」

誰かが同意してくれた。

何度か爆発音がすると、それっきり静かになって、夜空が明るくなって燃えている気配がした。

「早う家に帰って見ないと、家が燃えているかも知れんぞ」

家に帰る相談がまとまると、県道の坂道を急いで降りた。家が燃えているのか、まだ炎があちこちに出ていた。大きな杉の木の上部が吹き飛んで、幹が煙突のようになって頂上から炎と煙が出ていた。

部落の手押しポンプは、工作小屋の前に叩きつけられてばらばらになっていた。わしら四人で消防小屋に行ってもう一台の手押しポンプを引き出すと、燃えている松の木の火を消した。

陸戦隊と部落の大人が負傷者の収容を始めた頃、手結基地の魚雷艇の隊長が、部下を連れて救援に駆けつけてきた。

手結基地の搭乗員と基地隊の兵隊は、腰を抜かしたように何人か座り込んでいた。話しかけても返事もないので、死んでいるのかと思った。

夜が明けると、その惨澹《さんたん》たる状況に声もなかった。浜には二隻の震洋艇だけが残って、後は姿一つなかった。

飛び散った肉片は、早く片付けないと鳥が食べたり、お腹を空かせた野犬から食べられる恐れがあった。十八日から浜辺で火葬が始まったが、鰯を焼いたような臭いが流れてくると、数日間は食欲がなくなった。

＊

○行方不明になった陸戦隊員

兵庫県西宮市在住
陸戦隊　大島安雄（80歳）

わしは一九四四年九月十五日、甲種第十五期予科練生として、三重航空隊に入隊した。その後、土浦航空隊へ移った。

翌年六月、高知県の浦戸航空隊に配属され、操縦分隊約一千二百名は陸戦隊となった。夜須町を中心に、東より手結山、住吉の海岸線二キロにわたって展開した。そのうち約二百五十名が手結港から住吉までの間に布陣した。

陣地構築といっても手結の海岸に面した段丘に、ちゃちな蛸壺を掘って五、六百メートルの射程距離のロケット砲を置いただけのものだった。米軍が上陸すると必ず橋頭堡を築くので、そこを目標に攻撃しろと言われた。

八月十五日の昼過ぎだった。「敵艦船土佐沖に侵入せり、上陸に備えて第一警戒配備につけ！」と、浦戸航空隊本部から手結陸戦隊基地に下令された。引き続いて、「合戦準備！」が下令された。それはまさに臨戦態勢を取れということで、翌十六日になっても情況は変わらなかった。

午後二時半、浦戸航空隊から、再び「第一警戒配備につけ！」と下令された。

六時の夕食後、山の中腹の陣地に戻るために、宿舎の浜口さんの家の前に総員集合の命令があった。分隊士の前に整列すると、敵上陸に対しての邀撃態勢について訓示があった。

震洋隊は特攻隊で体当たり、陸戦隊は防衛と、危機感は全く違っていた。そんなに緊迫感はなく、時間的な余裕すらあった。分隊士の訓示が終わると、それぞれ山の上の警備についた。わしたち陸戦隊の野次馬四、五名は、こっそり列を離れて、三十メートル先にある震洋隊の基地へ向かった。

陸戦隊の宿舎の裏を行くと震洋隊基地の工作小屋があって、そこでガソリンの入れ替えとか、バッテリーの充電作業をしていた。手結の震洋隊は乙種十九期で、三重航空隊時代に顔を合わせたこともある。いよいよ出撃となると興味があった。

手結基地の格納壕が海岸から遠いため、震洋艇を海岸の出発線まで運び出さなくてはならない。搬出は基地隊員の任務で、高齢者が多いので時間がかかった。二百五十瓩《キログラム》爆薬の艇首への取り付けと、バッテリーの充電、燃料の入れ替えは整備員の任務になるが、二十五隻となると、気だけ焦って作業は進まない。訓練のためにアルコール燃料を入れているが、出撃の本番になると航空燃料と入れ替えなければならない。これがずいぶん厄介な作業で、非常に危険だった。

手結基地ではほとんど洋上訓練をしていないだけに、出撃となると思わぬ故障が発生した。出撃は夜と分かっていても、工作小屋の整備員はてんてこ舞いの忙しさになる。出撃中にエンジンが故障すると、置き去りにされることは確実だった。整備員が苛立って基地隊員を怒鳴り散らしていた。

作業が危険だと分かっていても、陸戦隊のわしが口出しすることはできない。

ふと見ると、延びている充電コードの破れた裸線の部分から、ちかちかと火花が散ってい た。コードが老朽化して、一部が裸線になっていたのだ。わしはこれは危険だと一歩下がっ た。

操縦席では整備員がエンジンのスイッチを調整していた。

「危ないなあ、エンジンの調整して大丈夫だろうか」

わしはこれ以上、工作小屋の前にいると危険だと感じて、陸戦隊の仲間のところへ戻るこ とにした。背を向けて歩き出そうとした時、ぼっとにぶい音がしたので振り返った。

炎が運転席を包んだのは瞬間の出来事だった。

「早く火を消すんだ!」

工作小屋の中から誰かが叫んだようだ。震洋艇が炎に包まれたら、そのまま海に沈めると 簡単に消火できる。見ると海岸の砂浜には二十数隻の震洋艇が並んで、海に降ろす余地はな い。

「押せ、押せ!」

駆けつけた基地隊員が、住吉神社の鳥居のほうに押して行った。艇隊長らしい士官が走っ てきて何か言っているが、炎が上がったまま押して行った。

消火を手伝うかどうか迷って、そこにいた仲間の陸戦隊員の顔を見た。

自分たちにも任務があるので、消火を手伝うわけにはいかない。そのまま立ったまま震洋艇を目で追っていた。

「オイサ、オイサ！」掛け声だけが聞こえてきた。

あわてた時というのは、時間の経過が全く分からなくなる。

その時だった。どかーんと耳をつん裂くような爆発音がした。生暖かい風がふわーっと肌に当たった。爆発音が先か生暖かい風が先か思い出せないが、ものすごい爆風がきて地面に叩きつけられた。爆風に吹き飛ばされたのか、数メートル先にも仲間の陸戦隊員が倒れていた。

稲光のような音と、ガソリンが燃える炎が渦を巻いていた。これは大変だ、他の艇の爆薬に点火すると、こんなことではすまないと直感した。とにかく反対の方向に逃げなければならない、と立とうとしたが腰を激しく打っているので足が動かなかった。宿舎の浜口さんの家まで足を引き摺《ず》ってきて一息ついた。

「おーい、どけ、どけ！」

工作小屋のほうから、負傷者を戸板に乗せて四、五名の兵隊が駆けてきた。

「交替しよう、すぐ救助にいけ！」

わしは申し出て、そのうちの一人と交替した。ところが戸板に載せているためか重量があって、思わずよろよろと倒れそうになった。

陸戦隊の救護所に着くと、負傷者を衛生兵に渡した。

頭の中が真っ白になって、その負傷者がどの程度の傷だったか思い出せない。

「お前ら、すぐ引き返して負傷者を運ぶんだ！」

わしは言った。後から考えると、引き返した兵隊は、おそらく次の爆発に巻き込まれたのではなかろうか。可哀そうなことをしてしまった。

急な坂道を息を切らせながら登ると、蛸壺の中にへたり込んでしまった。第二回目の大爆発があって、ドラム缶が次々と炎を上げて飛び散った。眼下に展開する爆発と炎は、ちょうど戦争のパノラマを見るようで、終戦の翌日の事故であることが一層悲惨だった。

しかし、わしら陸戦隊も敵の上陸が始まると、蛸壺なんか何の役に立とうか。同じような運命にあることだけは確かだった。全部で何回の爆発だったか思い出せないが、残り火がいつまでも燃え続けた。

第一回の爆発から一時間くらいだったのであろうか、陸戦隊から「総員集合！」の伝令がきた。

いつもの集合場所ではなく、丘を降りた空地に総員集合した。

「点呼！」点呼があって、班長が人数を報告すると、一つの班で一名不足していることが分かった。

「西谷光明の姿が見えないぞ！」

そこで大騒動になった。夕食後、西谷はわしと一緒に震洋隊が出撃準備しているのを見物に行った仲間の一人だった。火災事故が発生した時に、工作小屋の前にいて、わしはそこを離れようとした。「押せ、押せ」と号令がかかった瞬間に、彼だけさっと飛び出して行ったのをわしは見ている。それが西谷の姿を見た最後だった。

西谷は陸戦隊の手結山派遣隊の分隊士係で、中山家に同宿して三名の身の回りの世話をしていた。

「誰か西谷を見かけた者はいないか？」

震洋隊の搭乗員と陸戦隊員は、同じ予科練出身だが、わしらは日頃は基地内に入ることは禁止されていた。もし陸戦隊員に犠牲者が出たとなると、分隊士の責任が問われることになる。

夜中の十時まで帰隊を待ったが、西谷は遂に姿を見せなかった。もしかすると爆発に巻き込まれ、負傷して病院に運ばれているのではないか、といいほうに解釈した。

「西谷を探すことにする。まず中山に行って確認してこい」

塩田分隊士が言った。西谷と同じく中山を宿舎にしている中野薫が探しに行くと、そこには姿はなかった。

「やっぱり爆発現場かも知れんから、西谷のタオルとか服など身につけていたものを入念に探せ！」

塩田分隊士はすっかり落胆していた。陸戦隊の分隊四十名は、暗い気持で爆発現場へ向かった。

遺体の捜索は困難を極めた。懐中電灯の光を当てると、そこに見えるものは頭であったり、ばらばらの手足であ

予科練時代の大島安雄

ったり、手がかりになる物は何一つ発見できなかった。時間が経つほどに絶望的となった。西谷が押して行った一号艇が爆発したと見られるので、防空壕に入っていることはまず考えられない。

朝まで砂浜と畑の中を探し回ったが西谷は不明、夜が明けるとその惨状は目をおおうものがあった。

「貴様ら、どこを探していたんだ！」

分隊士は興奮して、気が狂ったように怒鳴り散らした。

西谷の死は仲間うちだけで処理され、事故に巻き込まれて殉職したと報告した。慰霊碑の百十一名の中に名を連ねた。わしはそのことがあって、八月十六日の慰霊祭の日には毎年欠かすことなく手結基地を訪ねている。

＊

○火炎発生

第百二十八震洋隊　神奈川県在住

河西祿朗（82歳）

八月十五日、天皇の重大放送は搭乗員全員で聞いた。ガーガーというだけで、さっぱり意味が分からずに終わった。「国民は最後の力を振り絞って頑張れよ」と、天皇の激励の言葉だと思っていた。住吉部落の人に会うと、「日本は戦争に負けた、天皇が米国に降参したよ」と、押し殺すような小さな声で話しかけてきた。まさか戦争に負けたとは思わんから、腹が立ってむかむかしてきた。

その後、総員集合があって集まると、竹中部隊長から、「戦争は終わったが、命令があるまで待機するように」と、すごく短い訓示があった。

われわれは死ぬために特攻隊の訓練をしてきた、突然、お前たちは死なないでいいよと言われたと同じで、すぐに気持の整理がつくものではない。心の中が空洞になって、ただ茫然と海を眺めていた。

夕食に酒が出ると、宿舎の中は騒然としてきた。酒を浴びるほど飲むと気が大きくなって、一段と興奮してきた。神国日本は絶対に負けないぞ、敵の軍艦がきたら体当たりで轟沈させてみせる、といきまく者もいた。戦争が終わって、ホッとした気持も少しあったが、それを口に出して喜ぶ雰囲気ではない。

肩を抱き合って、朝まで泣き明かす仲間もいた。軍刀を持って裏の住吉神社の境内に行き、振り回す者もいた。それは荒れた一夜だった。

心の芯がぷっつりと切れたように、わしは負けた口惜しさで涙がとめどもなく流れた。北海道の空知から予科練に志願した時の心も体も焼き尽くすような熱情が、一瞬にして消えてしまった。強くもない酒を飲んだ結果、夜明かしした翌朝の頭は割れるように痛かった。

宿舎の食堂では、昨夜の余韻が残っているのか、誰も箸を取る者はいなかった。

臨戦態勢が続いているのに、昨日までの緊張感は全くない。戦争続行だ、俺たちだけでも体当たりすると叫んだ昨夜の興奮は何だったのか。敗戦のショックで気勢をそがれたのか、無力感が宿舎の全体を包んでいた。

鳥居をくぐった前の砂浜が震洋隊基地で、何隻かの震洋艇が勢揃いしていた。松並木の下から偽装が取り払われ、台車に積んだ震洋艇が、基地隊員の手で海岸に運ばれてきた。爆薬缶を地下壕の倉庫から台車で運び出して装塡《そうてん》すると、整備員の手で信管を付ける。搭乗員は操縦席でエンジンのテストをする程度で、ガソリンの詰め替えは整備員に任せて、わしは時間を持て余していた。

午後の何時だったか、須崎の第二十三突撃隊本部から出撃命令が出た。「土佐沖を米機動部隊が北上中。撃滅せよ！」と。

わしらはまだ十七、八歳、敗戦翌日の出撃命令に対して疑問を持つことなく、「よし、やるぞ」と、強い決意を固めた。

普通、出撃となると隊長の訓示があって、敵艦船の位置、艦船の数、出撃時刻、編隊攻撃の方法を指示するはずなのに、部隊長の姿が見えないのが不思議だった。

海上から強い風は吹きつけるが、午後の太陽は焼けつくように熱かった。飛行服を着ると温室の中のように汗が流れ、すぐ脱ぎ捨ててしまった。

出撃は夜になることは間違いないが、敵の砲火をくぐり抜け、敵艦のどの部分に体当たりするか、迷いがふっ切れなかった。最初の計画では、突入寸前にハンドルを固定して、海に飛び込むと聞いていたが、結局、そういう訓練はしたことがない。突入の瞬間まで、ぐっと目を開けろと言われたが、それだけの度胸があるわけがない。太平洋の荒波を越えて敵艦の心臓部に肉迫できるのか、自信なんか全くない。

夕日がだんだん西に傾いて、空の青さが消えて金色に輝いた。水平線がはっきりと見えた時、まだ生きているんだとうずくような気持で、もう一度、大地を踏みしめた。

「高知の海軍だけでも頑張るんだ。日本は負けていないぞ！」弱気になる心を振り払うように、震洋艇のほうへゆっくりと歩いて行った。うだるような暑さも遠のき、海からの潮風が心地よかった。担当の整備員ととりとめもない世間話をしながら、飛行服に着替えるために鳥居の前までできた時だった。

工作小屋のほうが騒がしくなって、よく見ると震洋艇が炎に包まれていた。ガソリンに火が入ったのだろう、すぐに消えると思って余り気にしなかった。濡れむしろか何かを被せたらしく、「火は消えたぞ」と叫ぶ声がした。

自分の乗る艇を見るために砂浜に降りようとした時だった。左方向で稲光がしたと思い振り返ったとたん、体が宙に浮いて頭の中が真っ白になった。意識が戻ると爆風で耳をやられたのか音が全く聞こえなくなった。松並木に立てていたドラム缶が空高く吹き上がるのが見えた。激しい爆風が襲ってきたが、もうどうなったか分からない。

目で炎を追って、爆発現場から安全なところを探して走り続けた。後から炎と煙が襲ってくる。

恐怖におびえ、近くの防空壕を見つけて飛び込んだ。その防空壕がどこなのか、全く記憶がない。その間というものは、完全に意識がなかったのではなかろうか。

海軍一等飛行兵曹
御園生照寛（東京都出身）
海軍一等飛行兵曹
富田長次郎（青森県出身）
海軍一等飛行兵曹
野見敏雄
海軍一等飛行兵曹
米山義男（神奈川県出身）
海軍一等飛行兵曹
尾形三郎（宮城県出身）
海軍一等飛行兵曹
大久保英作
海軍一等飛行兵曹
道上隆信（兵庫県出身）
海軍一等飛行兵曹
北原吉男（長野県出身）
海軍一等飛行兵曹
伊吹勇
海軍一等飛行兵曹
西山二十二（岡山県出身）
海軍一等飛行兵曹
神馬幸作（千葉県出身）
海軍一等飛行兵曹
芳野治平

敗戦翌日の８月16日、出撃準備中に起こった手結基地における震洋艇の爆発事故に巻き込まれて散華した、第128震洋隊の搭乗員たち

敵の艦砲射撃にしては、その後の静けさが不思議だった。その場に倒れておれば、次の爆発で炎に包まれているはずだが、後で見ると火傷一つしていなかった。

どれくらいの時間が経ったのか、とにかく飯を食えということで宿舎の磯見茶屋に帰ってきた。そこに集まったのは搭乗員の半数にも満たなかった。

顔を見せない者は、全員が死んでいると考えてよかった。誰もが黙って箸を動かしていた。悲しみがこみ上げてきて、箸を置いて水ばかりを飲んだ。

＊

○高知の日赤病院

第百二十八震洋隊　東京都在住
名古屋成夫（80歳）

格納壕の七ヶ所がなかなか決まらず、手結基地の建設はずいぶん遅れた。基地隊の補充兵が老兵ばかりで作業にかかれず、町内の勤労奉仕隊が派遣されてから、本格的に動き始めた。勤労奉仕隊は各戸強制割り当てだが、若い者はいなくて老人や婦人たちが大勢やってきた。半舷上陸の休日には、勤労奉仕隊から誘われるのでお土産に特攻糧食の肉缶とか、当時手に入らない石鹸などを持って行くので喜ばれた。遊びに行けば歓待してくれて、何時間も話すこともあった。住民と話していると、ああ自分はまだ生きているなあと、実感が湧いてきた。

八月十五日の終戦になると、一番先に喜んでくれたのは部落の人たちだった。いつ故郷の新潟に帰るかとたずねるから、海軍はまだ負けたわけではない、戦うんだと言った。すると戦争が終わったのに、まだ若いんだから命を無駄にするもんじゃないと怒られた。気持はありがたかったが、特攻隊としての任務があるから、もう戦争を止めますと言うわけにはいかない。僅か二ヶ月くらいの短い交際であったが、部落の人たちはわが子のように可愛がってくれた。

八月十六日、出撃命令が出た時、私はその家に別れに行くのをためらった。出撃を悲しむことが分かっているからだった。顔を合わせないように遠回りして散歩した。

出撃すれば必ず死が待っている。せめて生きている時間を、人間らしく過ごしたいと思った。海岸沿いの小さな道を何回も往復した。

防風林の松並木を通り、小高い丘に登って沖を眺めたりした。出撃を前にした工作小屋は、バッテリーの充電とかガソリンの給油でごった返していた。その忙しそうな作業をぼんやり眺めながら、今日でこの世とお別れだと思った。

出撃前の震洋艇の搬送は基地隊員が行ない、整備は整備員の仕事で、搭乗員は出撃するだけ、とにかく死ぬ前の時間をもて余すのだった。

早く死んでしまったほうが楽になるのでは、と不思議なことに早く出撃したいと思うようになる。生への執着が逆に自分自身を死へと追い込んでしまうようだった。

通り過ぎたばかりの工作小屋のほうが急に騒々しくなって、私はふと振り返って見た。赤い炎と黒煙が目につくと、艇に火災が発生したと直感した。爆装した艇が炎に包まれると、非常に危険だということを知っている。

震洋艇というのはガソリンと爆薬を抱えているから、火気厳禁で一番気を使っている。その艇に火災が発生すると、爆弾に誘発するので、早く消火しなければならない。加熱するとガソリンの増槽タンクが爆発して、艇首の爆薬に火が移る。

整備員たちが、むしろを海に漬けて運んでくるのが目についたが、そんなことで消火できるわけがない。

「消防のポンプ小屋へ行け！」

私は散歩中に見た警防団のポンプ小屋のことを思い出した。県道に火見櫓《ひのみやぐら》があって、そこの扉を足で倒して、手押しポンプを引き出すと工作小屋の前までできた。

その時、「総員退避！」の声があって、私は危険を感じて消火に行くことを止めた。川棚訓練所の講義で、震洋艇の爆薬の効果を教えられていた。七階建てのビルが簡単に爆破できるということを思い出して、まず近くの防空壕を探して避難した。それから何分経ったか分からないが、大音響とともに大きく揺れた。防空壕の近くで家が燃える音がしていたが、しばらくすると静かになった。

「今のうちだ、逃げろ！」

防空壕を出ると、目の前が明るくなって松の枝が燃えながら落ちてきた。住吉神社の鳥居のほうから、何人かの兵隊がよたよたと足を引き摺って歩いてくるのが見えた。

「おい、川口じゃないか、どうしたんだ！」

私とペアを組んでいる神戸の加古川出身の川口だった。全身が血だらけで、両手ともえぐられて歩くのがやっとだった。川口の肩を抱いて県道に出ると、救護所で血止めの包帯を巻いた。救護所には全身血だらけの負傷者が数十名運び込まれてきた。手当をしないまま息を引き取る者もいた。手足がちぎれている者、苦しんでもがいている者がいても、衛生兵二名が応急処置の手当をするだけだった。

トラックが一台用意され、重傷者を高知市内の日赤病院へ運ぶことになった。川口を荷台に抱き上げた。日赤病院まで付き添う許可を取ると、重傷者を全員トラックに運び上げた。

「苦しい、水をくれ！」

「助けてくれ……」

「母さん」と、うめくような声で助けを求めた。

日赤病院に着くと、重傷者をトラックから降ろして廊下に並べた。

重傷者を運んだ名古屋成夫

軍医と看護婦が不足して看病できないので、私は患者の治療を手伝った。

重傷だった川口も、翌日からやっと話ができるようになった。下着類を手結の宿舎に置いていたので、三日後、報告を兼ねて基地に帰ることにした。

本部を訪ねると、高橋と木下が事故処理をしていた。私の姿を見て、名簿の上に○印をつけた。

名簿にある名前を目で追ったところ、半数に×印がついていた。名前と顔を重ね合わせるうちに、土浦と三重の予科練時代の思い出が甦《よみがえ》ってきた。竹中部隊長の姿が見えないので、もう一度名簿を見直したら、生存者の○印が付いていた。どこに行ったのか聞くこともないと、再び列車で日赤病院へ向かった。

それから一週間、川口の看病をすると危機を脱したので、手結基地へ戻ることにした。爆発跡を木下と一緒に回って見た。防風林の松の大木は枝が全部吹き飛んで、電柱が立っているようだった。大きな幹はえぐられて焼けただれていた。出撃のために艇が並べられていた砂浜には、擂鉢状《すりばちじょう》の穴がぽっかり開いて海水が溜まっていた。もし私が火災を起こした一号艇の前にいたら、彼らと同じ運命をたどっていただろう。戦後、毎年欠かさずに八月十六日の慰霊祭に参加するのも、私の身替りとなって亡くなった戦友の霊に会うためだ。

爆発原因の調査というものは、その直後にやらないと解明できるものではない。事故のどさくさに紛れてうやむやになってしまうものだ。特に米機動部隊接近と、根も葉もない情報に翻弄されて、浮足立って調査どころではなかったのかも知れない。

爆発の原因については、当時からいろいろと挙げられたが、そうかも知れないと思うだけで、真実は何なのか分からない。

ただ言えることは、どの震洋艇もエンジンの調子が非常に悪く、プラグを抜いたりすると火花が散っていた。それがガソリンに引火して、火災が起こったのではないか。火災を起こす要因はいくつも考えられる。

エンジンの冷却には海水を汲み上げるので、どちらかというと艇底に水が溜まる。そこへ燃料入れ替えで相当のガソリンが溢れて落ちる。艇の底にベルジーが溜まっている。普通はアカ取りと言って、雑巾などできれいに拭き取っていた。訓練の時に教員から耳に蛸が出るほど注意を受けていた。

とにかく出撃命令が出たので、早く作業を終わらなければならない。上官からせき立てられるので、手抜きとはいえないがどうしても作業が乱雑になる。日頃の訓練と違って実戦となるとあわてる。

ベルジーの表面にはガソリンが浮いて、機関室は熱を持つので、気化したガスが充満している。どんな小さな火花が出ても、点火する危険性がある。

特にあの頃の充電用のコードが古く、破れて裸線の部分があった。バッテリーの充電中に裸線のコードにスパナを落とすと火花が散る。機関室というのはどう考えても危険が一杯だった。

＊

○防空壕へ避難

第百二十八震洋隊　千葉県在住
神保公一（81歳）

予科練乙種第十九期生史の『蒼空賦』に、「青春（八月十六日の悲劇）」という手記を書いた。

「昭和二十年八月十五日正午、部隊本部の前に集合した私達は、ラジオから流れる玉音放送を聞いていた。初めて聞く天皇陛下の声は、最初は良かったが、すぐにピーと云う甲高い雑音が入って、何を云っているのか判らなかった。

終わると隊長は、『陛下は、我が日本の興亡のかかった重大な時局が迫っている。各自は、それぞれの持ち場において命を賭して戦えと云われたのである』と説明し解散を命じた。

然し、昼食を終え、午後の作業に掛かると、『日本は降伏したのだ』『まさか、嘘だ』と云う怒声が湧上がり、村人が口々に話している。

三年近く、日本の為に死ぬことのみを最善の美と信じ、一日一日をぎりぎりの死線の中で生きてきた私達にとって、突然『日本は負けた。もう死ぬ必要は無いのだ』と云われても、それを素直に受け入れる心などある筈がなかった。

その夜は、

『俺は最後まで戦うぞ、日本が負けてたまるか』と云って、日本刀を振り回す者や、友と相擁して、肩をふるわせて号泣する声が、夜が更けるまで続いていた。

明けて八月十六日は、朝から南国の太陽がギラギラと輝き、放心状態の私達を情け容赦なく照りつけていた。流れる汗を拭こうともせず、裸身に『必中』の鉢巻を締めて防空壕の山に陣取り、徹底抗戦を叫んで気勢を挙げる者がいるかと思えば、夜の明けるまで続いた昨夜からの狂態に疲れ果て、気力を失い、浜辺に座り込んで動かない者もいた。

午後二時を過ぎた頃であろうか、そんな状態にあった私達に思いもかけず『敵機動部隊、土佐湾を北上中。直ちにこれを撃滅せよ』と命令が下ったのである。

五十年後の今になって考えれば、戦争に負け降伏しているのに馬鹿な事をしたものだ、と誰でも云うことが出来るが、当時の吾々は『武士道とは、死ぬこと、見つけたり』の葉隠精神に心酔し、『君恥ずかしめを受ければ、臣死す』の境地にあったのである。

吾々は暴走し燃えた。多くの者が一つの目的を持った時、狂気はまさに正気であろう。

今迄は、これで家に帰ることが出来ると、戦争が終わったことを喜び、思わず笑顔がこぼれた兵に、思わずカーッとなって殴り付けた吾々だったが、その兵までが吾々に、『しっかり頼みます』と云って、興奮し先頭に立って動き回っている。

各防空壕に格納してある五型震洋艇（搭乗員二人用）は二十五隻である。艇首には二百五十瓩《キログラム》の黄色火薬で造られた爆薬を装備している。艇はこれが特攻兵器かと疑われる様な厚さ七粍《ミリ》のベニヤ板で作られた小舟である。

だが、爆薬は強力で大型艦船の水線外板に直径五米《メートル》の破砕口を開けると云われていた。

そして三十米以内で爆発が起きると、信管が作動して誘爆を起こすような装置を付けていた。

然し、脱出装置もなければ救出方法もなかった。最初のうち脱出するには、五十米手前で海中に飛び込めと云われていたが、三十二節《ノット》（約六十粁《キロメートル》）の高速では、搭乗員なしで水面を滑走し直進出来る訳はなかった。必中を期するには、体当たりする以外は考えられなかったのである。

そんな吾々に対するせめてもの慰めだろうか、飛行機に乗る訳でもないのに、飛行兵曹の階級の儘《まま》で搭乗員と呼ばれ、正規の飛行服が支給されていた（飛行服を着て、襟元に白いマフラーをなびかせた姿ぐらい格好のいいものはなく、予科練志願の動機でもあった）。

全艇の搬出が終わったのは、西の空を夕陽が赤く染め始めた午後六時三十分を回っていた。先発の二、三隻は燃料の補給を終わり、信管も装置されて、レールから着水寸前にあった。

それまでは焼け付くような暑さの為、ほとんどの者が半裸状態で作業をしていたが、先発艇の搭乗員は、既に『必中』の白鉢巻を締め、飛行服に身を固めていた。私は甲板下士官でもある為、最後尾の艇の乗り組みであったが、出番も近づいて来たと思い、港に近い松林の中の道に搬出されて居た艇の間を通り抜け、駅の真下にあった燃料集積所に向かった。

そして基地隊員に向かって最後の指示を与えている時だった。港の方で『艇に火災発生、全員退避！』と叫ぶ声が聞こえた。暫《しばら》くの間、消火作業の為か人の騒ぐ声がしていたが、すぐにその命令は解除された」

退避命令を聞くと、近くの民家から女房と娘が飛び出してきた。

私は危険だと感じたので、「早く逃げろ、ここにいては危険だ！」と言った。すると家に引き返すと雨戸を閉め始めた。

「危ないんだよ、早く遠くへ離れるんだ。雨戸なんか閉める暇はない！」

二人を連れて横丁を抜けて山道を登ると、後から本部の主計兵が息を切らせて追いかけてきた。

丘を越えると、陸戦隊が掘った深さ五メートルの防空壕を見つけ、四人はそこへ入った。

その時だった。「総員集合！　消火に当たれ」と言う声が聞こえた。すると主計兵が立って外へ出ようとした。

「おい、行ってはならない。危ないから止めろ！」

私は主計兵の肩を摑むと引き戻した。それから二、三分経ったであろうか、大地を揺るがすような爆発音がして、天井から土が落ちてきた。

「今の音は何でしょうか？」

爆死した藤沢武雄（後列中央）。後列右の神保、前列左より里見、木下は爆発を免れた

主計兵は震える声で言った。

「艇首の爆薬が爆発したんだ。まだ続くからここから出てはならない」

大爆発が三回続くと、後は急に静かになった。もう大丈夫だろうと判断して、防空壕を出て丘の上に立った。下を見ると昼のように明るく、周囲の家などが燃えていた。爆発は一時収まったのか静かであるが、山の上からは人影は全く見えなかった。

「これは全滅だ。出撃どころじゃない。早

く帰って家を見ないと、爆発でやられているかも知れんぞ」

親子は立ちすくんで泣き始めた。私は三人を連れて急な山道を降りて行った。よく見ると私は褌《ふんどし》だけで裸同然、飛行服を艇の側の木にかけたままだった。

現場に向かって松並木に入ると、ほとんどの杉の大木がえぐられて、中がくすぶり続けていた。どうしたわけか、兵隊の姿が誰一人として見えないのだった。基地には搭乗員と整備員もいたはず、総員集合がかかっているから全員死んだのであろうか。

右手の浜のほうから人の呻《うめ》き声が聞こえたので近づくと、全身が血と煤《すす》で真っ黒になった者が倒れていた。抱き起こそうとして思わず息をのんだ。裸の上半身に無数の五寸釘が反対に突き刺さり、まるで針ねずみのようだった。

現場を離れて本部へ向かった。途中の路上に手足や頭がばらばらに散乱して、何度も足を取られた。

本部の建物はそのまま残っていた。生き残りの何人かが地面に座って茫然として私を見た。顔は煤で汚れ、誰だか見分けがつかなかった。言葉が出ないようで、何を話しかけても反応がなかった。

艇隊長は全員爆死したことを知った。

一週間前に赴任してきた、予備生徒出身の京野とかいう少尉が生きていたが、泣きそうな顔をしておろおろするばかりだった。

竹中部隊長はどうしたんだと聞くと、裏庭にいると言った。裏口から出て見ると、半狂乱の状態で何かわけの分からないことを叫んでいた。声をかける気もせず、私は本部に戻った。

本部にいると搭乗員の何人かが顔を出したが、まるで死者のような顔をしていた。慰める言葉もなく顔を見つめるだけ、涙も乾いて土間に座り込んだ。

考えて見れば、一号艇の火災が消火したと思い、総員集合の命令で防空壕に退避していた連中が、一斉に飛び出したところに第一回の爆発が起こっている。その時にほとんどが犠牲になったのではなかろうか。命令に背《そむ》いて陸戦隊の防空壕に潜んでいた私は、いわば卑怯者であろう。

「芳野はいないか？」

私はペアを組んでいた、芳野治平のことをたずねた。

「そういえば、芳野の姿が見えないぞ」

と誰かが言った。私は気が狂ったように生き残った搭乗員に芳野のことを聞いて回ったが、首を横に振るだけの答しか返ってこなかった。

まず生存者を見つけて、早く病院へ送ることだ。夜を徹して芳野を探し回ったが発見されなかった。海に投げ飛ばされたのではないか。であれば生きている可能性はある。海岸に立って叫び続けるうちに夜が明け始めた。明るくなった海には、何人かの死体が浮き沈みして、ちぎられた手足が波打ち際に打ち寄せられていた。それを一つひとつ砂浜に引き上げた。民家の壁には、人の皮膚や肉片がこびりついていた。それを竹ベラを使って剥ぎ取っていった。細切れの肉がガソリンの炎で焼かれたのか、黒く焦げて塊《かたま》っていた。

松並木の道に並べた遺体は、五十体位だったであろうか。後は肉片を拾ってバケツに入れた。まさに地獄図さながらであった。

五十体の遺体はかろうじて服装などで確認できたが、細切れの肉は誰のものか識別できない。

翌十六日の夕方、死者数が分かりかけたが、一人帰り二人帰りとひょっこり姿を現わした。遠くまで逃げて、帰ってこなかった人たちだった。

「これはまだ帰ってくるかも知れんぞ」

本部では期待して待った。

十七日の昼頃、一人の搭乗員が姿を現わすと、私を呼んで「すまん」と言った。甲板下士官だった私が名簿を預かって、最後の確認をしている時だった。

「おい、誰にも言う必要はない。退避していたと言えばすむことだ。甲板下士官の俺が処理するから、いいな」

私は彼の遅い帰還を不問にすることにした。あの混乱の最中のことで、一人帰ってきたところで誰も気付く者はいない。

彼は大胆なことをしたもので、十五日の正午、天皇の詔勅を聞いた後、戦争は終わったと思い、喜んで安芸の町にいた恋人のところへ行ったという。十六日の夜の爆発事故を聞いて帰隊するのが怖くなって、十七日の朝、安芸を立ったというのだ。軍隊にいながら二日も帰隊しなかったとは呆れた話だが、人のことをとやかく言って責めるわけにはいかない。私だって安芸の娘の所に外泊して朝帰りした前科がある。

十六日の出撃命令があった時、どうして彼がいないことに誰も気付かなかったのであろうか。終戦の混乱ということもあるが、軍の規律が全く失われていた証拠だと思う。

鼻を突く異臭の中、肉の細切れに蛆《うじ》が湧いた。草藪の中で蝿が飛び立つと、必ずそこには肉片があった。三百メートル離れた畑の中にも散乱していた。陸戦隊、手結の魚雷艇基地、浦戸の震洋隊、部落の人たちも遺体拾いを手伝ってくれた。

海岸にレールを敷くとその上に木材を重ね、遺体を置くとガソリンをかけて火葬した。それは十八日の夕方だった。

この頃になって、はじめて民間人の弔問が許され、隊員の安否をたずねる人が後を絶たなかった。その中に私が部隊解散後、胸に抱いて帰った二人の遺骨のうちの一人、芳野治平兵曹の死を知って、泣き崩れていた若い女性の姿を今でも思い出す。

大爆発でパニック状態に置かれた当時のことを思い出すことは無理な話、記憶が断片的でそれをつなぎ合わせるしかない。誰と誰がその現場にいたのかも分からないんだからね。

海軍省が爆発事故の本格的な調査をしていないから、火災を起こした一号艇の搭乗員高橋堅太郎の話を信じるしかない。みんなが自分なりの体験を話しても、高橋がそうじゃないと言えば、そうかなと思ってしまう。

入谷、青野、西本艇隊長が亡くなっているので、最初の火災現場で何を指示したかも不明だ。工作小屋の前で火災が発生して、国田以下三名が火傷をしているわけだから、彼がすべてを一番よく知っているはずだ。当時のことを話さないまま亡くなったからね。火災の原因説もいろいろ取り沙汰されたが、真実というものは一つしかないんだからね。

＊

○第二十三突撃隊本部へ報告

第百二十八震洋隊　愛知県在住
田中昭八（81歳）

敵艦隊が土佐沖に現われたという情報に、震洋隊の基地では大混乱を巻き起こした。臨戦態勢を取って心づもりはしていても、すわ戦闘開始だ、早く準備をしろと言われると慌ててしまう。俺たち特攻隊員は気持の整理を終えて、死ぬための心の準備はできているが、整備員と基地隊員の焦りは頂点に達していた。俺は第三艇隊なので一番後の出発となる。

五号格納壕は住吉駅のすぐ下にあって、艇を引き出すとレールの上を海岸まで押して行った。出撃前の艇の点検は整備員に任せてもいいが、これだけは自分でやらないと安心ができない。燃料の入れ替えとかバッテリーの充電、爆装は最も危険なので、整備員と基地隊員は必死で働いていた。時間的に余裕がなくて作業を急ぐあまり、どうしても手抜かりが出てミスが起こりやすい。

火災を起こした高橋堅太郎の一号艇は、もともと故障続きの欠陥艇だった。太平洋での訓練を一度もしていないので、途中でどのような故障が起こるか予測がつかない。出撃が目の前に迫ると日頃のエンジントラブルが気になるもので、少し離れた所にある工作小屋に、点検のために持ち込んだと思う。

　工作小屋のことを日頃から充電室と呼んでいた。もちろんエンジンの修理もしていた。にわか作りの作業場なので設備が悪かった。裸線に近いコードがスパークして、火花が散っているのを目にしたこともある。戦場のような忙しさで、整備員たちの注意はそのスパークまでは気が向いていなかったのではないか。

　いよいよ出撃となると、これまで訓練用として使用したアルコール燃料を、純度の高い航空燃料に入れ替えなければならない。油槽タンクの中のアルコール燃料を完全に抜き取り、そこへ航空燃料を入れる。補助タンクもあるので、それだけでも相当の時間がかかる。急ぐあまり、つい外に溢れ出ることもある。それが艇底に溜まり、気化してガソリンガスとなって操縦席付近に充満する。複雑なエンジン構造なので、そこから火花が散ることがある。火災が起こっても不思議ではない状態であったことは確実だ。

　その時、震洋艇は充電室に頭を突っ込むようにして、後部は道路のほうに出ているのが見えた。俺はそれから本部に連絡に行き、艇隊長と出撃の打合せをして出てきた時だった。

「一号艇が火災だ！」

　その叫び声を聞いて、充電コードのスパークのことを一瞬、思い出した。これは大変なことになったと思った。

　松並木の道路の両脇には、ガソリンのドラム缶が何十本も置いてある。そのうちの一本でも引火すると、大爆発を起こして火の海となる。

　工作小屋の前を見ると、赤い炎が上がって何人かの兵隊が消火しようとしていた。そして台車に乗せた震洋艇を押してきた。「押せ、押せ、早く！」と、炎を上げたまま震洋艇は鳥居のほうへ向かった。早く消火しないと大変なことになる。部落の人が何人か道路に飛び出してきた。

「おっちゃん、消防のポンプ小屋はどこだ！」

　男たちは、俺を消防小屋に案内してくれた。ポンプ小屋の扉を足蹴りして倒すと、手押しポンプを取り出した。そこへ住民たちが顔色を変えて逃げてきた。

「どけ、どけ。お前たちは早く避難するんだ。一歩でも遠くへ逃げろ！」

　怒鳴りつけながら、手押しポンプを工作小屋の前まで引っ張ってきた。火災を起こした艇の姿はなく、もう消火したのかと思った。消防ポンプの必要はないと、工作小屋の前に放り出した。様子を見に行こうと、松並木の所まで歩き始めた時だった。

　ぴかぴかと目のくらむような閃光が走ったと思うと、耳をつんざくような爆発音がして、道路に叩きつけられた。瞬間、意識を失ってしまった。どれくらい経ったのか、体に大きな衝撃を受けて目を醒《さま》した。全身に痛みを感じて目を開けると、大きな松の幹が肩に当たり息苦しくなった。両手で幹を持ち上げると、どうにか体が動いて抜け出すことができた。目の前には炎が舞って熱風が迫った。側にはドラム缶が並んでいるので、点火していつ爆発するか分からない。誘発すると火の海になるだろう。一歩でも現場から離れようとするが、肩に激痛が走って思うように歩けなかった。

一体、俺の回りでは何が起こったのであろうか。

走りながら、その日の出来事をたどってみた。

工作小屋の前で火災が発生した時点で、彼らはもうパニック状態になって、さあ火を消そうとして艇を押して行った。あわてふためいているから、どうしていいのか分からなかったのではなかろうか。艇隊長がきて艇を海中に投げるように指示したと言うんだ。工作小屋での最初の火災発生から考えて、鳥居の前まではかなりの時間が経過している。艇の内部はかなり高熱に達していたのではないか。

無我夢中で走って住吉駅の近くまで退避したが、第一回目の爆発以後、何回の爆発があったのかも記憶がない。戦後、陸軍病院で診察を受けてレントゲンを撮ると、肩甲骨にヒビが入っていると言われたが、戦傷手当の申請はしなかった。俺は生きて帰ったが、事故で亡くなった戦友のことを考えると、生きているだけ幸せだと思った。

事故発生後、竹中部隊長は責任を取って切腹すると言って、軍刀を振り回して錯乱状態だった。

翌十七日の昼になると、少しは冷静になったのか、本部で事故処理を始めていた。

午後、俺と広島の瀬戸内海からきていた坂本の二人は、部隊長から呼び出された。

「お前たち二人で、須崎の本部に事故報告に行ってくれ。一隻の艇だけ破損していないから、それに乗って二人で行くんだ」

俺はまさかと思った。下士官ではあるがまだ十七、八歳の搭乗員が、司令に向かってどのように報告しろと言うのか。もっと責任ある将校が報告に行くべきではないかと思ったが、三人の艇隊長は全員死亡していない。

何を、どのように報告せよという指示は、部隊長からは全くなかった。

本来からいえば部隊長が行くべきだが、遺体の処理に追われているので、基地を外せないことは分かっている。俺たち二人が報告に行っても、大役が果たせるのであろうか。どうして部隊長自らが報告に行かないのか疑問に思った。

俺は肩を負傷して、肩から胸にかけて包帯を巻いているので、操縦は無理だった。坂本が操縦して須崎まで行くことになった。

須崎湾はリアス式海岸で、一番奥の深いところに本部があった。船着場の桟橋を駆け上がると、日本家屋の内部を改造した本部に通された。

第二十三突撃隊の司令がどの人か、前にずらっと座っている将校が誰か、威圧を感じるだけで言葉がうまく出なかった。

「竹中部隊長の命により、第百二十八震洋隊の爆発事故を報告します」と前置きして、十六日午後七時の爆発事故を、かいつまんで簡単に報告した。

二十三隻の震洋艇と百数十名の犠牲者を出していたためか、俺たち二名を見る目は厳しかった。まるで俺たちが爆発事故の犯人かのような態度で追及してくるので、若いだけにどう答えていいのか難しかった。

これだけの大事故であれば、当然、将校の仕事であるが、俺たち下士官には荷が重過ぎた。

司令たちの質問の要点は、故意なのか事故なのかを厳しく追及してきた。二人とも爆発の瞬間に耳を痛めているので、相手の質問がはっきりと聞こえない。

俺たち二人は工作小屋で直接作業をしていないので、はっきりした火災原因が分からない。あいまいな返事をすると、いい加減なことを言うなと怒った。

田中昭八が事故報告に行った須崎の第23突撃隊本部跡

俺たち下士官には、正直いって責任ある返事はできない。

なぜ、竹中部隊長が自ら報告にこなかったのか、それはあまりにも無責任だと思った。行けない理由があったのか知らないが、こんな腹立たしく思ったことはなかった。もう一点は、直接の上部組織である第二十三突撃隊本部から、爆発事故をなぜ調査にこなかったか疑問だ。下士官二人の報告を聞いてすむものではない。

俺の報告が第一報なので、本部にとっては爆発事故の全貌をはじめて知ったことになる。

出撃準備中の爆発事故なので、当然、命令を出した側の責任が問われる。だが誰かの不注意で火災が起こ

ったのではないか、と追及されると怒りたくもなる。

本部にとって、爆発事故の衝撃が大きいことを知った。俺は見たままのことを報告したに過ぎず、その後第二十三突撃隊本部から、手結基地に現地調査にきたという話を聞いたことがない。爆発事故については、誰も責任を取らないまま、六十数年が経ってしまった。

俺がこだわるのは、戦後になって本部がなぜ出撃命令を出したのか、なぜ犠牲者を出したかの怒りだ。もっと冷静に情報を集めて判断しておれば、手結基地の爆発事故の悲劇は起こらなかったはずだ。

火災事故を起こした一号艇の高橋堅太郎とは同じ長野県出身で、一緒に予科練に入隊した仲間だ。

どういうわけで火災が発生したか、彼の説明と俺の見方は微妙な食い違いがある。

火災現場で整備員の国田の姿を見たかどうか記憶にないが、事故で火傷したとすれば、工作小屋で作業中に炎に包まれたのではなかろうか。

(3)　ある手紙

八月十六日午後七時頃、出撃準備中に一号艇が火災を起こし、その直後に大爆発によって二十三隻の震洋艇が誘爆して、百十一名の犠牲者が出た。一号艇の搭乗員だった高橋堅太郎に会えば、真相を掴む手がかりがあると思った。上京したついでに長野県の高橋の住所から電話番号を探したところ該当者なしと言われた。親戚の方と連絡がついたのでたずねると、彼は二〇〇四年に亡くなり、その後、建設会社は倒産して、家族は行方不明だと教えてくれた。

そこで長年にわたって手結基地の震洋隊爆発事故を追っている、高知市在住の記録作家金井明を訪ねることにした。

金井は高橋がこれまでマスコミの取材に対して語った記事を示しながら、高橋の最初の証言から、だんだん内容が変わってきていることに疑問を持っていると率直に話した。金井も同様な疑問を持って、長野の自宅に電話したり、手紙で確認して、やっと納得のいく返事をもらったと言った。

三通の高橋からの手紙を私に渡してくれた。その手紙は金井の質問に対する高橋の返事で、現場にいた彼しか知りえない事実関係が記されていた。これでやっと一つの突破口ができたと私は思った。高橋が一号艇の搭乗員なので、彼の証言がおかしいと思っても、彼が事実はこうだと主張すると、ほかの搭乗員は遠慮してあえて反論しなかった。高橋の証言が定説となって、一人歩きしてしまったようだ。

金井が高橋の証言の矛盾を追及するうち、彼の心は揺らぎ始めて、やっと真実を証言する気になったのではなかろうか。この手紙には、爆発原因の決め手となる重要な鍵が秘められていると思う。

〔高橋堅太郎返信〕（二〇〇一年九月十日）

「冠省、返事遅れて申し訳ありません。慰霊祭から帰っても、中々その間の空白が埋められず、七十四歳の老骨にむち打って行動しておりまして、気にし乍《なが》ら今になってしまいました。ご質問には端的にお答えしますが、その前に報道等で詳細にされていない箇所があります。

先ず艇の種類です。二人乗りで頭部爆薬は三百キロ、通常は十三ミリの機銃と、両側にロケットランチャー二基があり、ロケットの射程は六百メートル、焼散弾と徹甲弾の二種類です。

訓練には使いましたが、住吉には頭部爆薬は装着しましたが、遂に他の兵器は入手できない状態でした。

一号艇の出火の原因は、小生だけが知っていますが、今になってそれを公開しても得るところは何もなく、只《ただ》胸に納めて亡き戦友のもとに遅まきながら行くつもりです。

①、キャブレター二基あった一基が、もともと調子が悪く、国田兵曹が整備していました。ミスフライアーで、白い霧状の混合気が飛び散っていました。アルコール燃料から、八十オクタン価の航空燃料に入れ替えた時です。

その時点で国田兵曹は、全身の火傷を負い助けられた。

しかし、一号艇（小生が入谷艇隊長と乗って行くもの）は、そのまま火の玉となり、一番気にしたのは増槽タンクが、艇の運転席のすぐ前にあった事です。燃料も満タンでした。

爆薬は頭部なので、それより心配だったので、むしろを海水にひたし、エンジンルームと増槽タンクに被せ、一応火の勢いは止まりました。

作業に当たっていた数名の仲間は、そのまま艇を離れずにおりましたが、大半は一応火災現場から退避しました。命令等は何も届きません。

その頃、やっと将校連中が皆で現場へ集まってきました。そして退避の命令が来た。

今、毎年慰霊祭に来てくれる名古屋兵曹は、近くに民間の消防ポンプがあったので、それを取りに行きました。数名がそれに続いていました。これはポンプを取りに行くのと、退避する者と一緒でした。非常に混乱の中です。

しかし、一応消し止めたので、危ないから先ず海に入れるのが第一の命令だった。木製の艇は手で触っても、もう非常な熱でした。艇首に十メートルのロープがあり、その先端を小生が引き、あと三人、後にいました。それに艇を押し出す数名の仲間がいました。

滑走路に引き込む寸前だった。小生から見上げる位置に艇の頭があり、もう少しだと掛声を出し、頭部が下がり滑走路に降りる瞬間だ。

小生からの距離は数メートル、その時、遂に爆発した。

光か音か、そんなものは何もわからず、只目の前が真っ赤な状態、気がついたら海中だった。振り返ったら、近くにあった増槽タンクが全て引火していた。これはえらいことになる、でも俺は生きているようだ。一瞬考えた。若《も》し一艇でも海中で爆発したら、我々は全部内臓破裂で終わる。見回したら全部陸上に上がっていたので、それでは海中から避難しようと決めた。

一瞬、二度目の大爆発が目に映った。潜った。長い時間だった。息をする度に見ると、次次と艇が爆発している。これで二度目の爆発で、十五隻は吹き飛んだだろう。勿論《もちろん》、付近にいた兵隊共々である。

海から避難した兵隊は十名位だった。潜り続けながら住吉から手結の方向に進んだ。海辺に残った艇を見ながらだった。途中の民家の状況を見る事もできず、やっと陸に上がった。

背中は痛いが何とか中腹（今の海辺の果樹園のあたり）にある陸戦隊の壕の中に入れてもらった。長い時間だった。傷の手当などできる訳はないが、助かったのかなと思った瞬間、第三回目の爆発がおこった。

壕の向きが丁度《ちょうど》住吉方向だったので、その音響の大きさ、今にも壕が崩れ落ちるかと思うほど大きかった。これで三隻を残し、全部の艇が火の玉となったのだ。そして百十一名の戦友が失われた。夜が明けるまで、陸戦隊の防空壕で過ごした。

朝、白々と明るくなった時、前日の惨状を見た。表現する事はとても不可能な状況だ。

しかし、すぐには近づけない。これから百七十五名の生き残りの数を確かめ、戦後処理を十二月末までかかって行なった。

十七歳だった小生も、十八歳になっていた。

隊長と四名が残って処理を始めた。それから五十六年間、記憶は定かではないと思うが、若し必要なら時間を見て書いてみる……（後略）」

翌月、金井宛に届いた手紙の最後には、次のように記されている。

「発進即時待機の命令を発した司令は、車で手結山の道路から転落し、大怪我をして高知日赤へ入院していた。これも間違いない。だから誰が命令したか？　これも真実だ」

高松の海軍人事部の会議に行っていたはずの第二十三突撃隊の横山司令が、なぜ手結山の道路で事故を起こし、高知市内の日赤病院へ入院していたのか。謎めいた話だが、それを確認しようにも高橋はもうこの世にいない。

(4) 爆発の原因

戦後半世紀を過ぎてもなお、事故原因について諸説さまざまで特定されていない。直接の関係者が口を閉ざして語ろうとしなかったからである。犠牲者の数があまりにも多い大事故であり、海軍内部の閉鎖性による身内意識でおたがいを庇《かば》い合ってきた。事実は隠されがちで、真実は歪《ゆが》められてしまう。

極端な例が整備員の国田豊二で、火災が発生した時にはエンジンの調整中だったことを高橋堅太郎が証言している。火がガソリンに引火して爆発を起こし、国田たち三人の整備員が火ダルマになって火傷しているのだ。

写真集『震洋特別攻撃隊』（荒井志朗編著）によると、一九七九年九月、住吉部落を訪問して、国田敏子と会っている。結婚後、爆発事故について夫の国田から次のような話を聞いたと証言している。

「昭和二十年八月十六日午後七時ごろ、須崎の震洋隊本部から無電で命令がくだった。〝敵機動部隊、本土上陸の目的をもって土佐沖を航行中につき、ただちに出動してこれを撃滅すべし〟と。隊では格納されていた全艇を海岸に引き出し、出撃準備中だった。艇の整備が任務だった私が、その整備状況を見回っていたところ、燃料に引火して燃えている艇を発見した。横田、又場の両君とともに消火に当たったが、石油タンクが爆発して、全身火だるまとなってしまった。倒れて地上で転げまわっているところを、青野少尉が助けてくれた。

『しっかりせい、国田兵曹。お前に死なれたらわが隊は困る。しっかりせい』

全身焼けただれてもうろうとした意識の中に少尉の声が聞こえる。肩にかついで近くの井戸まで連れてゆき、井戸へ入れてくれたらしい。横田、又場の両君も井戸に飛び込んで、九死に一生を得たとあとでわかった。青野少尉は現場に引き返し消火に当たった。

鎮火後、竹中隊長は、誘爆を懸念されて全員に退避命令をくだした。約十五分たって何事もなかったので、再び全員が配置についた時、突如として一艇の艇首の爆薬が爆発し、つぎつぎ誘爆して、真っ赤な火柱とともに大音響が轟き渡り、黒煙がもくもくと天空にひろがった。

一瞬の間に私を助けてくれた青野少尉をはじめ、百二十余名の将兵は天空に吹き上げられて、その肉体はあちこちに飛び散った。

その惨状は生きた黒い奴凧《やっこだこ》がつぎつぎに空に吹き上げられ、手をもぎとられ、足をちぎられて舞っているようだった」

敏子は住吉部落の出身で、爆発事故当時は基地のすぐ近くにいて、その瞬間を目撃している。翌朝、遺体処理のために畑の中を、細切れの肉片を拾い集めた。

それは高橋堅太郎の金井明宛の手紙の内容と食い違っている。荒井の取材した敏子の証言が、マスコミの世界で独り歩きしてしまった。

これまで国田自身が爆発事故について沈黙を守り、一切語らなかったのは、高橋の手紙が証言する「国田兵曹が整備していました」という点にすべて集約できる。エンジンの整備中に火災を起こした責任を国田は強く感じていたのではなかろうか。と言って国田を責めることは酷なことで、問題は全く別なところにある。連合軍に追い詰められ、最後の決戦兵器として採用した震洋艇が、安全を無視して量産に入り、特攻作戦に投入したことに問題がある。震洋艇そのものが欠陥兵器であり、それが手結基地の大爆発に繋がったといえる。

火災で大火傷を負った国田豊二

万一の火災事故を想定して、手結基地に消火器を一個でも置いていたならば、大爆発に発展せず艇火災の段階で防止できたであろう。高知県内の震洋艇基地で、消火器の設備をしたところはどこもなかったことが分かった。震洋艇そのものが危険物で、火災に最も弱いことは最初から分かっていたことで、それを無視して特攻を強行した海軍指導部の責任は重大である。

戦後、震洋会の会長を勤めた上田恵之助《かみた》は、七月八日付で神奈川県三浦市岬町油壺の第一特攻戦隊に配属された。そこで江奈基地の第五十六震洋隊（岩館康雄中尉）の副官になった。

七月二十六日、横鎮第二回特攻演習が海防艦「四阪」を標的として行なわれた。上田は第二艇隊長代理で艇隊を率いて参加したが、江奈基地に帰隊中に搭乗していた五型艇で、突然、燃料タンクが爆発を起こした。本部から派遣された内火艇が消火活動に入ったが、炎は艇のベニヤに燃え移り、黒煙を上げて沈没している。

高橋が金井宛に送った手紙の中に、三枚の爆発現場の図面が添えられていた。図面を見る限り火災発生場所と、第一回の爆発現場が同じ位置で、海に引き下ろそうとした時にゴトンと何かに当たり、その衝撃で爆発したとの説明がしてあった。

これまで現場を見た搭乗員の証言では、工作小屋の前で整備中にトラブルがあって、炎に包まれた一号艇を、住吉神社の鳥居前まで押して行っている。では火災発生の瞬間に高橋はどこにいたのか。一号艇の搭乗員であれば、当然、工作小屋に行っていたはずである。

金井宛の手紙で、「一号艇の出火の原因は、小生だけが知っていますが……」と思わせぶりなことを言っているが、彼は工作小屋にいたことに間違いない。目の前で一号艇の火災発生を目撃しているはずである。

第百二十八震洋隊の生存隊員たちは、爆発現場にいた関係者が全員爆死しているから、真相は分からないと口を揃えて言い、事故原因について多くを語ろうとしない。

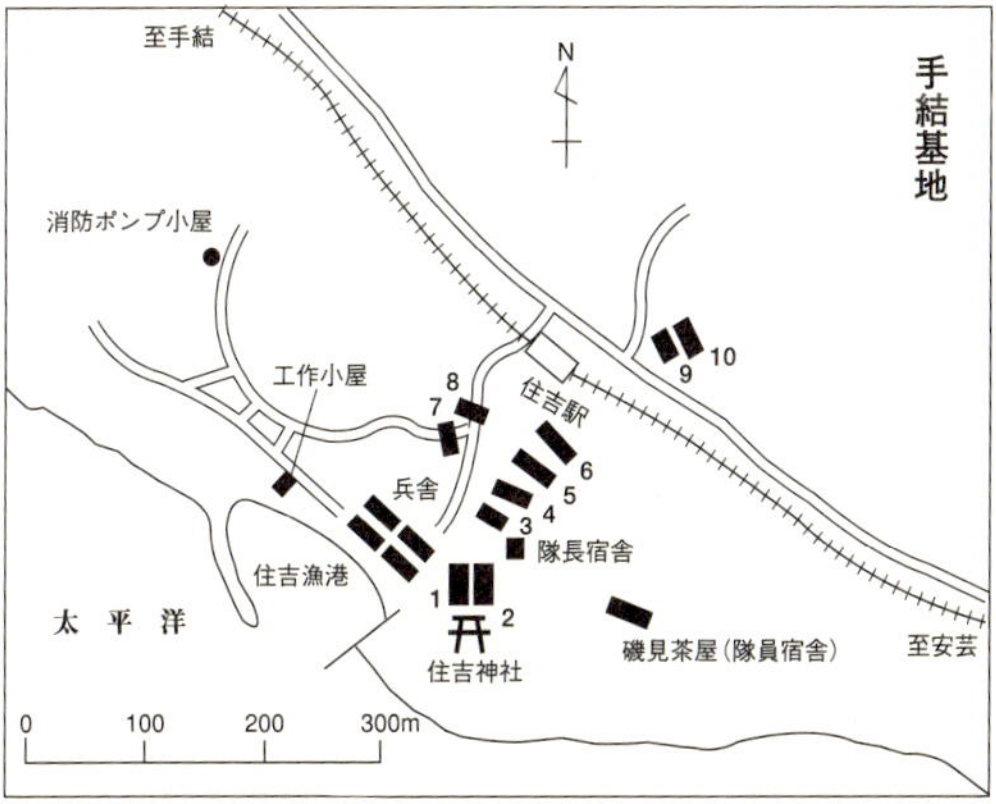

思い出すのも悲惨な爆発事故であっても、何が原因だったかはっきりしないと、無念の思いで亡くなった隊員たちの霊は浮かばれない。

戦後、火災原因についていろいろ臆測が流れたが、これだという最後の決め手が見つからなかった。

爆発前の火災原因を知っているのは、国田と高橋の二人である。二人が亡くなった現在、高橋が残した手紙が真実を語る唯一の証拠である。

私は三年前の夏、手結基地跡での慰霊祭に参加した時から、一つの疑問にとらわれてきた。敗戦のどさくさで自暴自棄になった隊員が、口惜しまぎれに引き起こしたのではないかと疑った。

取材の過程で、柏島基地の第百三十四、越基地の第百三十二震洋隊員が、八月十五日に集団自決を計画して、直前に中止した事実を知った。同じような計画が、手結基地であったとしてもおかしくはない。故意なのか事故なのか、疑えば限りがないほど、搭乗員たちの敗戦の衝撃は大きかったはずだ。

三年前、慰霊祭が終わった翌日、私は震洋隊奉賛会長の中村昌直（82歳）を、住吉の自宅に訪ねた。彼は震洋隊の搭乗員と同じ年頃で、事故当時は佐世保海兵団に入隊していた。

「人間というものは、慣れると注意深くならないものでね、点検作業は意外とおろそかになる。

戦争は終わった、一方では出撃だと、全然違った事態になって、みんな戸惑っていたはず。格納壕から艇を搬出して、燃料の入れ替えから爆装と、それはもう戦争と同じ忙しさになる。点検もおろそかになるものでね。事故というものは思いもしない油断とか、気の緩みで起こるもんだ。敗戦という現実に直面して、搭乗員は自暴自棄になってずいぶん酒を飲んだということだ。おそらく二日酔いが醒《さ》めないうちに出撃命令が出ると、それは大騒動になるはずで、大混乱に陥ったのではなかろうか。

特に海軍では火気厳禁、作業中に喰わえ煙草なんかもっての外だ。ところが手結基地の火災事故の原因として、喰わえ煙草説を指摘した人がいたのよ」

火災の発生原因を、私は前日からの飲み過ぎによる不注意と喰わえ煙草説を考えていただけに、一瞬、身を乗り出した。

戦時中、夜須町役場の兵事係だった小谷武清は、戦後、町会議長を勤め、初代の奉賛会長だった。ある日のこと、手結基地の爆発事故の話になった時、「あの火災の原因は喰わえ煙草だったんだよ」と、中村に話したと言うのだ。爆発事故後、町役場を代表して海軍との折衝をしてきた人だから、小谷は信用できるとも言った。

「隊員は敗戦の混乱で、翌朝も酒の酔いが醒めず、二日酔いの状態だったらしい」とも中村はつけ加えた。

赤ら顔の隊員と喰わえ煙草の話は、浜口功の証言とも一致する点がある。

それまでの厳しい海軍の規律は、天皇の詔勅を転機にして一気に崩壊したのであろうか。そもそも規律というのは、権威のもとでの強制であって、頂点が手を挙げると組織はがたがたになる。

隊員の精神的なもろさはさておき、震洋艇には構造上の欠陥があったことが見落とされている。

震洋艇のエンジンは、特攻艇のために新しく設計されたものではない。ガソリン燃料の不足から、木炭燃料に切り替えられ、トラックは改造された。木炭も不足するとトラックは使われずに放置されていた。

それに目をつけた海軍の設計者は、トラックのエンジンを外して、震洋艇に取りつけることを考えた。エンジンの原理から見れば同じだか、陸上を走る場合と海上では構造を変えなければならない。それなのにトラックのエンジンなら容易に手に入り、ベニヤ板製のボートなら大量生産が可能だと急ピッチで製造が始まった。作業をするのが専門の技術者ではない徴用工とか、女子挺身隊や学徒動員の女学生たちであるとすれば、生産した震洋艇には絶対の信頼は置けないのである。

普通トラック用のエンジンは、冷却水をラジエーター内で循環させながら、ファンを回して熱を吸収している。ところが震洋艇は、冷却するために直接海水をポンプで組み入れて、熱を吸収して海へと放出する構造になっている。トラックのように、ラジエーターやファンを取り付けていなかった。塩分の強い海水を使用した場合、鉄が腐食して悪影響が起こることは設計の段階から分かっていたのに、震洋艇の完成を急ぐあまり、問題点は最初から無視された。

訓練ができない手結基地の震洋艇は、格納壕に入れたきり搬出することはほとんどなかったというが、出撃準備となると、砂浜でエンジンのテストをしなければならなかった。

点検中にトラブルを発見すると、整備員はあわててエンジンをふかしたりした。震洋艇は海岸の台車上にあるので、冷却する海水を吸入していない。エンジンは空焚きとなり加熱する。当然の結果として機関室には熱気が充満する。テストを繰り返すたびにエンジンはますます熱を持った。

整備専門の技術者であれば別だが、掻き集めの整備員では加熱の危険性に気がつかない。冷却水なしで四、五分間エンジンをふかすと、たちまち二百六十度にはね上がる。二百六十度になると、ガソリンに点火して爆発することは、整備上の常識だった。

出撃準備でアルコール燃料から航空燃料に入れ替える際に、ガソリンが飛び散ったり溢れ出た。機関場というのはオイルまみれとなる。機関場が熱を持つと、ガソリンが気化してガソリンガスが溜まる。キャブレターからは、どんな性能のいいものでも、ガスが少しずつ出るものだ。セルモーターとかダイナモとかプラグからは、どうしても火花が散る。

陸戦隊の大島安雄が工作小屋で見たのは、充電コードの裸線の火花であるが、出撃態勢に入ると、保安はどうしてもおろそかになる。そうでなくても中古のトラックのエンジンを使用しているので、火災発生の危険性は十分にあった。

火災の原因の一つを、高橋の手紙が指摘している。キャブレターの操作中に火災が発生して油槽タンクが爆発したという説は納得できる。ガソリンを霧状にして各エンジンに送り込むが、それがうまくいかないので、国田がキャブレターを手で押さえながら調整していた。エンジンを回すたびにキャブレターにガソリンが供給されるから、火災が起こる条件が整っていたといえよう。

火災発生に驚いた工作小屋の整備員は、近くにあったむしろを数枚、海水に浸し、機関室の上から被せて消そうとした。浜口圭介が三メートルの白い煙が上がったのを見たというのは、その時の水蒸気ではなかろうか。

「火災発生、総員退避！」の合図で防空壕に退避した。一旦退避したが何事もなかったので、全員がぞろぞろ出てきた。その時に第一回の大爆発があったので、犠牲者が特別に多く出たのである。

艇から出た火災は、濡れたむしろを上から被せたので、空気が遮断されて一時は消えたかに見えたのではなかろうか。ところが実際には艇の中には種火が残って、くすぶっているのに気がつかなかった。

高橋が艇を海中に引っ張り込もうとして、表面のベニヤ板に手を当てると、火傷するほど熱くなっていたと証言している。ベニヤ板が熱かったと言うことは、艇の内部が燃えていたか、あるいは残り火があったということである。高橋たち四人が艇の先端に、あと数人が後から押している時に第一回目の大爆発が起こった。三回の爆発で二十三隻の震洋艇が吹き飛び、百十一名が犠牲になった。

第五章――誤報

(1) 柏島基地の爆発事故

八月十六日午後七時、手結基地の第百二十八震洋隊の爆発と同じ時刻に、大月町柏島基地の第百三十四震洋隊でも爆発事故が発生した。手結基地の爆発事故があまりにも大きかったため、柏島の爆発事故のことは当時から大問題にはならなかった。柏島でも同じような状況にありながら、大爆発を免《まぬか》れたことは幸運だった。爆発による艇の破壊が三隻、死亡者がなかったことで、単なる整備上の事故として処理された。

手結基地と柏島基地で、同じ日に、しかも同じ時刻に爆発事故が起こったことが私は不思議でならなかった。両者に何か深い関係があるのではないかと疑った。故意なのか、単なる事故なのか、偶然にしてはあまりにも内容が一致しすぎているのである。

手結基地と柏島基地は、百数十キロしか離れていない。同じ震洋隊基地であることが、私の興味をそそった。

小野一の手記『十七歳の特攻兵の記録』を読み進むうちに、疑問は一層大きくなっていった。

「八月十五日、天皇陛下のお言葉が放送されるというので、全員或る民家の庭に集合した。たぶん戦争完遂の励ましであろうと耳を傾けていた。

雑音が多くて意味の聞きとれないところが多かったが、どうも戦争に負けたらしいと薄々わかったのである。負けたとはどういうことであろうか。予科練を志願して以来、国のため同胞のために死ぬことだけを、そして悠久の大義に生きることだけを考えて来た。それがたとえ天皇の命令でも、はいそれでは戦争を止めますとは簡単に言えないのである。

特に特攻隊に編入されてより数ヶ月、われわれは絶えず死と直角に対決してきた。そうした異常な生き方に順応してしまった心は、おいそれとは平常な心に戻るわけにはいかないのである。

誰かが『海軍は負けてはいない。あくまで戦うんだ』と叫んだ。そして皆で徹底抗戦を誓い合った。

私はその夜、床に入ると、ふっと生きられるかも知れないという気持が湧いたが、すぐ首を振ってそれを打ち消した。

翌十六日午後、土佐湾の全震洋隊に出撃命令が出た。われわれも一斉に出撃態勢に入った。そのあわただしい最中、一つの事故が起こった。

或る洞窟から一人の基地隊員が火達磨のようになって飛び出し、そのまま海へ飛び込んだ。

艇のエンジンを点検していた整備員である。

燃料タンクからガソリンが漏れていて、そのガスにセルモーターの火花が引火し、爆発したのであった。

間もなく洞窟の入口から火が吹き出した。

中には四隻の震洋艇が格納されている。すでに爆薬の装備が終わっているので、いつ爆発するかわからない。

われわれは急いで山陰に退避した。入り口から吹き出す炎は、ますます強くなる。それから約一時間、陽も傾いた頃、山も割れるのではないかと思うような大きな爆発音がし、その反動で二隻の艇が海まで飛び出した。

幸い信管が抜いてあったので、爆発は二隻で終わったのである」


私は青森市内の小野の自宅で彼と会った。

「手結と柏島基地の爆発事故は偶然の一致だが、最初は作為的なものを感じたですよ。普通では全く考えられないことで、計画的な犯行ではないかとね。考えてみると震洋艇の設計そのものに無理があり、欠陥兵器だったことの証明だよ。

飛行機に乗れなくなった予科練生がわんさとおるので、震洋隊の特攻にぶち込もうとした、いわば飛行機ではない死に場所を与えたわけで、海軍指導部にとっては、大きな荷物を整理したと考えたんじゃなかろうか。戦争が長引いておれば、まだまだ震洋隊の事故は起こっていると思う。人間の命なんて軽いもんだ」

本土決戦の特攻兵器として震洋隊を編成したが、ベニヤ板製の震洋艇では戦力にならないと、小野は否定的な見方をする。

「帰りに東京へ行き、倉持信五郎君に会ったらどうか。爆発した艇の搭乗員だったはずだから……」と小野は言った。

東京の錦糸町で、浅草おこしを製造している倉持を訪ねた日は、ちょうど工場閉鎖で大混雑していた。社長室は柏島会の事務所で、関係書類で埋められていた。

「八月十六日は、昼食をすませると、すぐ出撃命令が出た。いよいよ出撃となると、搭乗する艇がどうなっているか、自分の棺桶だから気になるわ。格納壕に行ったのは、六時頃だったような気がする。どこにいても落ち着かないものだよ。夜になると出撃だから、それで人生は終わりだ。どうじたばたしても死ぬ時は死ぬ時さ……」

倉持は淡々とした口調で話すが、出撃前の心境は言葉には言い尽くせない複雑なものがあったであろう。

右から数えると三つ目の格納壕に、倉持が搭乗する五型艇を入れていた。入口付近までくると、ガソリンの強い臭いが洩れてきた。夜の出撃に備えて、一人の整備員が航空燃料のガソリンを入れているところだった。訓練中はアルコールを使用していたが、本番には航空燃料を使うことになっていた。アルコールを抜いていたのか、あるいは航空燃料を入れていたのか記憶にないが、強烈な刺戟臭が鼻を突いて涙が出たという。

整備員の燃料入れ替えの作業を見ながら、松根油のことを二人で話した。

ガソリンの入れ替えはゴムホースを使うので、溢れ出て艇内にこぼれ落ちる。整備員は戦争が終わってホッとしたところに、今度は出撃準備を命令されて憂鬱そうに作業をしていた。

越基地の格納壕。30メートルもある深い格納壕もあった

「ガソリンの強い臭いで頭がふらふらする。こりゃひどいものだ」

倉持は整備員を格納壕に一人残して、あわてて外へ出た。基地の前の海岸は震洋艇の出発線になるので、漁船などは浜の隅に繋いでいた。格納壕からレールを通って出発線に並べると、そこではじめて爆薬に信管を詰めることになっていた。

「どーん！」にぶい音がすると、さきほど出てきたばかりの格納壕から、真っ黒い煙と炎が吹き出ているのが見えた。まもなく炎の中から整備員が這い出してくると海の中に飛び込んだ。

燃料の入れ替えを目撃していたので、エンジンを始動するためにスイッチを入れたのではないかと思った。炎で艇首の爆薬が熱くなると、爆発の危険性があった。

異状に気付いた部隊長が本部から降りてくると、

「総員退避！　島の人も基地の反対側に早く退避せよ、早く！」と言って、近くの住民にも危険を知らせた。

約十分後、地を揺るがすような大音響がすると、炎の中から三隻の震洋艇が飛び出し、海中で水蒸気が高く上がった。

出発線に全震洋艇が集まった時に火災事故があったら、手結基地と全く同じように誘爆していたであろう。いち早く危険を察知した部隊長が、退避命令を出したことが幸いした。整備員の一人が軽い火傷をしただけで、他の格納壕の震洋艇は無事だった。

十六日夜の手結基地の爆発事故の情報は、まだ柏島基地には届いていなかった。

部隊長は、さっそく宿毛の第二十一突撃隊本部に、事故発生を電話報告した。

「壕内でガソリンが漏れセルモーターの火花が散り、ガソリンタンクに引火して爆発を起こしました。艇は三隻吹き飛ばされ、整備員が一名負傷しています」と、かいつまんで報告した。

「他の艇の被害はどうだ？」

司令の声は上ずっていた。戦争が終わったとはいえ臨戦態勢なので、いつ出撃命令があるか分からない。午後十時過ぎ本部から電話があり、手結基地でも大事故があったことを知らせ、待機するように言った。

「二つの基地で同時に爆発事故があるとは、実に納得がいかないことだ。誰かが故意にやったとしか考えられん。早急に調査して原因を報告するんだ、いいな。柏島の爆発事故はもちろん、手結基地の事故についても極秘だ」

と、司令は口止めした。

倉持はその後、手結基地の爆発事故のことを部隊長から聞き出した。同じ日に、しかも同じ時間に爆発事故があったことを重ね合わせながら、運命のいたずらかと思うことがあった。自分が搭乗する震洋艇の事故だっただけに、爆発原因についてこだわるのだった。

「ガソリンを入れ替える時に火災を起こしたといわれているが、それだけでは引火するわけがない」と、倉持は持論を展開する。

壕の中にガソリンガスが充満していても、火気がない限り自然発火することはありえない。ガソリンを入れ替えた後で、エンジンのスイッチを入れたのではないかと疑問を投げかける。

エンジンをかけると、目に見えないがスターターといってセルモーターから火花が散って、それがガソリンガスに引火して爆発したんだと彼は説明する。

東京の明電社にいた頃は、研究所の助手をしていたというだけに機械に詳しい。

「ガソリンスタンドで自動車が給油する時は、必ずエンジンを切るのが原則だ。エンジンをかけたまま給油することは、絶対にないだろうが……」

そう分かりやすく説明されると、倉持の言うことは素人の私でも納得できる。

同時刻に続いて発生した二つの思わぬ事故の報告で、第八特攻戦隊司令部はパニック状態になったのではなかろうか。司令部はもちろん呉鎮守府と海軍上層部のあわて振りが想像できる。

手結基地と柏島基地の事故のみを紹介したが、実は震洋艇を配置した全域で多数の火災事故が発生している。しかし、極秘にしていたため他の基地の事故はほとんど知られていない。

一九四四年十月二十日、マッカーサー率いる米軍は比島のレイテ湾に上陸を開始した。やがてルソン島上陸が始まると見た海軍は、マニラ湾のコレヒドール島へ、震洋隊六箇部隊を配置した。

コレヒドール突撃隊司令の小山田正一少佐のもとに、十二月二十三日、ミンドロ方面にあった敵艦隊北上の情報がもたらされた。

「二十四日夜半に出撃の可能性があるから、整備は原則として隧道《ずいどう》内において行なうこと」と、各部隊長に下令した。

コレヒドール島は、世界三大要塞の一つと言われ、米軍が構築した難攻不落の要塞と言われた。太平洋戦争の緒戦で日本軍が陥落させ、マッカーサー司令官が脱出した歴史的な島であった。

島内は縦横、上下の隧道で結ばれ、マニラ湾に敵が侵攻してきた場合、攻撃するために震洋艇を潜伏させていた。

サクラトンネル入口付近でエンジンの調整をしていた時に、排気管の過熱からガソリンに引火して大爆発を起こした。七十五隻（陸軍四式連絡艇十四隻を含む）が次々と誘爆して、百五十名が犠牲になった。そのうち海軍の搭乗員は六十名であった。

「敵艦隊北上中」の情報は、後に虚報であることが分かった。敵が偽情報を意図的に流したのを、突撃隊本部が信じたことから悲劇が起こった。

第七震洋隊の事故は、装爆中の一隻にトラックが接触したという説もあるが、狭いトンネル内でトラックが接触するとは考えられない。手結基地と同じように、エンジンをふかしたために過熱し、充満したガソリンガスに引火して火災事故が起こったといわれる。

震洋艇の事故原因では火災が最も多く、延べ十八隊に達している。その大部分が、艇内でガソリンに引火する事故である。

(2) 敵艦発見

八月十六日、住吉の部落では大混乱に陥っていた。『夜須町史』によると、「前夜半の海上におびただしいサーチライトの光が交錯するのを目撃」とか、「夜明けには米軍らしい艦影を見た」と記していることは前述した。

米軍上陸近しという噂の中で、住民が群集心理でパニック状態に陥っていたことはよく分かる。

水平線上に米軍らしい艦影を見たという住民が現われても不思議ではない。サーチライトの光が交錯するのを目撃したとなると、いよいよ敵上陸が迫ったと思うであろう。

八月一日の夜半、大島見張所から「敵大輸送船団が房総に向かっている」という警報が打電された。

海軍総隊では、二二四一（午後十時四十一分）「決三号作戦警戒」（海軍総隊伝令作第一四

八号）を発令するとともに、とりあえず次の情報を流した。
一、大島見張所報告ニ依レバ　二二四五大島ノ一八〇度　三〇粁ニ　敵攻略船団三十隻乃四十隻北上中。
二、目下館山水偵敵情確認中
ほどなくして誤報（夜光虫と確認）が判明、総隊は二日〇〇二三（午前零時二十三分）作戦警戒を解除した。

この馬鹿げた情報がもしやと思わせたのは、伊豆大島の午前の敵情であった。ところがこの情報がまた間違いで、実は大島町から打電してきたものであった。

そのことが海軍部に判明したのは二日後、戦況奏上の間違いを訂正したのである。

戦々恐々で夜光虫を敵艦隊と間違えるほど、おびえてノイローゼになっていたことの証明である。

土佐湾の場合も、後になって司令部は、敵艦隊北上中の情報は間違いで、それは漁船であった、と子ども騙《だま》しのような説明をしている。

十六日は盆明けで、漁民は出漁することはない。たとえ出たとしても小さな漁船程度で、敵艦隊と間違えるわけがない。軍艦であれば煙突から黒煙を吐くので、漁船と軍艦は見ただけで判別できる。漁船を監視船として出漁させて、情報を送らせることはあったが、敵機動部隊の近くにいると、グラマンとか潜水艦から攻撃された。

「大型漁船は運搬船として軍に徴用されているし、敗戦前後には手結港から漁師が沖に出ることはなかった」と、住吉の漁師の浜口圭介は語った。

出漁するにもガソリン不足で、監視船以外は沖に出ることは禁止されていた。小さな伝馬船でも漁業区域が決まっており、震洋隊とか魚雷艇の出撃コースは立入禁止で操業はできなかった。

いずれにしても、漁船を軍艦と間違えることはありえないことである。町史にあるサーチライトとは、夜光虫の錯覚ではなかろうか。

鹿児島県曽於《そお》郡松山町にあった陸軍大隅集団司令部の「軍事機密」電文には、土佐湾交戦という驚くべき文書が残っていた（防衛省防衛研究所史料室）。

〔軍事機密〕

隅集作命甲第一三三号

大隅集団命令　八月十七日　〇二〇〇松山

一、敵ノ有力ナル艦船群ハ　八月十六日一二〇

〇頃　都井岬南方約二〇〇粁ヲ北進中ナリ

又艦種不詳ノ敵艦艇十数隻ハ　同日一九三

〇頃　土佐湾ニ侵入シ　所在ノ我海軍部隊

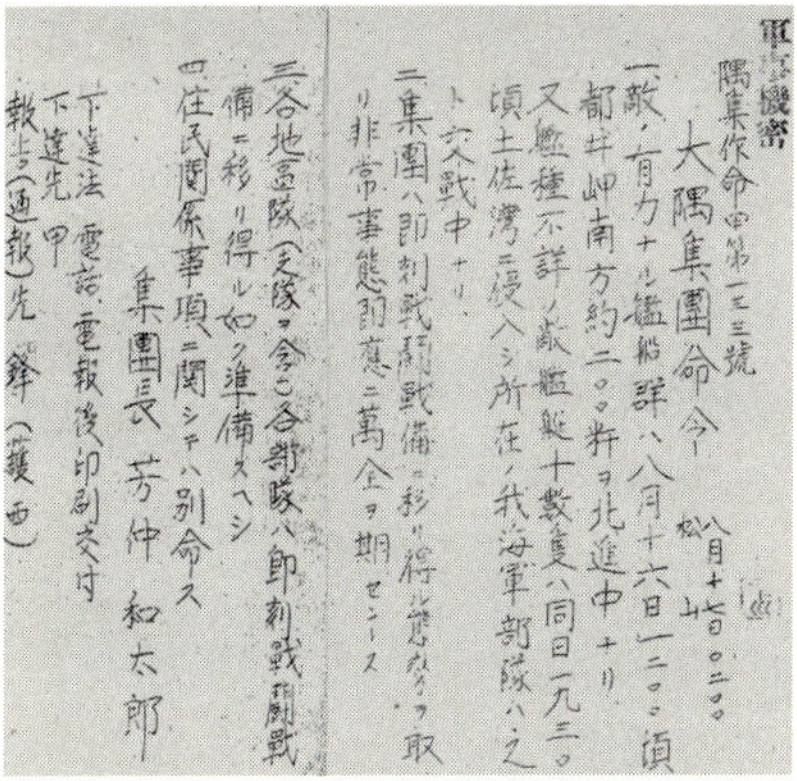
軍事機密
隅集作命甲第一三三號　八月十七日〇二〇〇 松山
大隅集團命令
一、敵ノ有力ナル艦船群ハ八月十六日一二〇〇頃
都井岬南方約二〇〇粁ヲ北進中ナリ
又艦種不詳ノ敵艦艇十數隻ハ同日一九三〇
頃土佐湾ニ侵入シ所在ノ我海軍部隊ハ之
ト交戦中ナリ
二、集團ハ即刻戦闘戦備ニ移リ得ル態勢ヲ取
リ非常事態ニ萬全ヲ期セントス
三、各地区隊（支隊ヲ含ム）各部隊ハ即刻戦闘戦
備ニ移リ得ル如ク準備スヘシ
四、住民関係事項ニ関シテハ別命ス
集團長　芳仲　和太郎
下達法　電話、電報後印刷交付
下達先　甲
報告（通報）先　鋒（護西）

陸軍大隅集団司令部の「軍事機密」電文

ハ之ト交戦中ナリ
二、集団ハ即刻戦闘戦備ニ移リ得ル態勢ヲ取リ非常事態即応ニ萬全ヲ期セントス
三、各地区隊（支援ヲ含ム）各部隊ハ即刻戦闘戦備ニ移リ得ル如ク準備スヘシ
四、住民関係事項ニ関シテハ別命ス
集団長　芳仲和太郎

集団長芳仲和太郎は陸軍中将である。「我が海軍部隊と交戦中」というのは、実は手結基地の第百二十八震洋隊の爆発事故を指していて、それを敵艦船と交戦中と誤認している。大変な誤認であるが、翌日にはこういう形で九州の陸軍大隅集団まで情報は流れているのである。震洋艇の爆発事故が、敵と交戦中と、とんでもない方向に発展してしまった。

さらに『第五航空艦隊戦闘経過』（自昭和二十年二月至昭和二十年八月）によると、

「八月十六日　晴
一、総隊ハ一四〇九大海令ニ基キ戦闘行動ノ即時停止（自衛反撃ヲ妨ゲズ）ヲ発令セルヲ以テ　本命令ノ主旨ヲ部隊一般ニ示達ス
二、自衛警戒ノタメ　彩雲三機　紫電一機　九州東方距岸二〇〇浬圏内哨戒敵ヲ見ズ　彗夜戦一二機、零夜戦八機　一九〇〇発九州距岸一二〇浬哨戒敵ヲ見ズ
三、一八〇〇頃　高知ノ南二五粁戦艦又ハ巡洋艦ノ『マスト』十三本見ユ（一二四五）トノ電アリ　攻略部隊来攻ト判断セラル　陸攻四機二二〇〇大分発四国南方索敵ヲ実施セ

ルモ敵情ヲ得ズ　其ノ後漁船ラシキモノノ誤報ナルコト判明ス」

第五航空艦隊は、四国、九州関係を管轄としている関係上、八月十六日から十九日まで合計六機が哨戒と索敵攻撃に従事したが、十九日をもって一切の作戦飛行を終わった。十六日午後七時に大分を出発した彗夜戦と零夜戦二十機が九州東岸を哨戒したが、敵艦船を発見していない。九州距岸百二十浬《カイリ》といえば、土佐湾は視程に入るはずである。

情報は電文によっては海軍だけでなく陸軍にも発信するので、記録として残っている。

『大島防備隊戦時日誌』（昭和二〇・一・一～二〇・八・二二）

四国沖事件電報（緊急電報）一七・一八・二〇発一九・〇一・三〇受「高知」偕部隊長

通電先　総長、西総、楠、四軍、剣山、独混

偕参電第二七九号

十六日夜ノ火柱ニ関シ　其ノ後調査ノ結果左記判明ス

記

敵艦船土佐湾ニ侵入トノ報ニ接シタル嵐隊手結分遣隊（物部川口基点一〇八度七粁ノ地点）ハ　十八時十分頃「発進準備完了待機」ノ命ヲ受ケ　連絡艇ニ燃料満載　発進準備試運転中　誤ッテ「ガソリン」ニ引火　続イテ爆弾爆発　次々ト他ニ誘爆ヲ起シ　損失連絡艇二一隻　戦死傷一四〇余ヲ出セリ

海岸監視哨　此等ノ爆発炎上ニ依ル火焔ヲ火柱トシテ報告セルモノナリ

一七日〇〇一〇　佐鎮部隊〇三一五
（信電令第一八五号）
一、室戸崎見張所ヨリノ報ニヨレバ　一九三〇敵艦船一一隻土佐湾侵入　海軍特攻隊攻撃中
二、各部ハ警戒ヲ厳ニセヨ
（無電）


これは陸軍の四国防衛軍の偕部隊長が、事故の翌日、十七日十八時二十分に発信したものである。連絡艇というのは震洋艇の意味である。

「発進準備完了」とは、出撃準備が終わったことを示すものである。

室戸崎見張所は、十六日七時三十分に「敵艦船十一隻、土佐湾侵入」と、全くでたらめな情報を発信している。それを国内の陸海軍が受信して、大混乱を巻き起こしたのである。

ではこの時、米機動部隊は本当に四国周辺に侵入していたのであろうか。第五航空艦隊の哨戒機が飛び立って、偵察したが発見されなかったことは先に述べた。ワシントンの公文書館に保管されている米機動部隊の行動表を見る限りでは、四国周辺にいた形跡はない。沖縄から十三日に四国沖を通って北上した敵機動部隊が、房総半島沖に移動していた記録は残っている。

八月十六日午後七時前のこと、高知県香美郡土佐山田町新改《しんがい》にある陸軍四国防衛軍監視所

から、第二十三突撃隊本部に緊急電信が入っている。

「海軍部隊敵艦隊ト交戦中、大火柱ヲ望見ス」という驚くべき知らせであった。この電信を受信した本部内は、大歓声を上げて喜んだという。敵上陸艦船に対して震洋隊が特攻攻撃をかけて戦果を上げたと受け取ったのだ。正確な情報を把握しないまま、誤情報を真に受けて大歓声を挙げた本部の無能振りには呆れ果てる。

続いて午後八時頃、「四国南方方面ニ敵機動部隊接近中、我ガ水上艦艇之ヲ攻撃中、火柱六本ヲ認ム」と、高知航空隊からも電信が入った。

手結基地の震洋隊と魚雷艇が、戦闘態勢に突入したという情報であるが、艦砲射撃と航空機による爆撃も行なわれていない。火柱が六本上がったと報告しているが、その後の状況には一切触れていない。

これに対して第八特攻戦隊と第二十三突撃隊の本部は、疑問を持たなかったのであろうか。高知航空隊と手結基地の距離約二十キロ、確認の偵察機を出せばすぐ分かることである。本土防衛の任務を全く果たしていないわけで、指導部の責任は重大であるといわなければならない。

午後十時頃になって、高知航空隊からの電信で、手結基地の第百二十八震洋隊の爆発事故であることが判明した。その後、第八特攻戦隊司令部から、第二十三突撃隊へ誤報であったと入電があった。

誤報に端を発した米機動部隊騒動は、手結基地と柏島基地の爆発事故をもたらし、多くの犠牲者を出した。
原因を探ればいろいろあるだろうが、敗戦の大混乱の最中、不正確な情報に振り回されたの一語に尽きる。第二に言えることは、組織はあっても指揮系統がばらばらで、危機に直面しての適切な対応を欠いてしまったことである。

八月十五日午後四時半過ぎ、第五航空艦隊司令長官宇垣纏《まとめ》中将は、彗星艦爆十一機で沖縄出撃したのである。天皇の詔勅を無視して、二十二名の乗組員とともに沖縄の米軍基地に突入した〝最後の特攻〟と言われている。戦後、宇垣纏長官に対する評価はまちまちであるが、私は特攻出撃によってもたらされた、指揮下部隊の混乱を考えないわけにはいかない。

第五艦航空艦隊司令部は大分基地にあって、四国及び九州方面に位置する実戦部隊の総指揮を取っていた。

宇垣長官は八月十五日現在、第五航空艦隊の司令長官であったはずである。十五日と言えばいろんな情報が飛び交い、米軍の日本上陸の動きが消えたわけではない。その重要な任務を知りながら、宇垣長官はなぜ沖縄特攻の道を選んだのであろうか。指揮官を失った第五航空艦隊は、敗戦直後の混乱で指揮系統が根本から揺らいでしまったのである。これは極めて重大なことといわなければならない。

第五航空艦隊は鹿屋から、大分へ移転していた。宇垣長官が大分航空隊から出撃すると、第五航空艦隊内部は悲壮な雰囲気が漂って、殺気のようなものが支配していたという。

十六日午後十時頃、高知航空隊から第五航空艦隊に電信が入った。

「四国南海面に敵機動部隊接近。味方水上艦艇これを攻撃中。火柱数本のぼるをみとむ」

緊急電に接した大分航空隊は、敵四国上陸と色めき立ち、偵七〇七隊に出撃命令が出た。任務は四国の足摺岬を起点に哨戒の命令で、武居機と守屋機、大江機は一式陸攻の出発線についた。三機は暗夜の大分海軍飛行場を、四国沖に向けて飛び立った。

十七日未明、大江機だけが帰還した。彼の報告によると、電波探知機で捜索したが、遂に敵艦影を発見できなかったという。同じ頃、鹿屋の彩雲隊も哨戒に出撃したが、やはり発見していない。

では哨戒に出た三機中の二機は、なぜ大分飛行場に帰還しなかったのであろうか。武居機には金子少尉、守屋機には波多野少尉が搭乗していた。

同僚の中北顕吾中尉は、大分飛行場の出発線まで見送った。

「三百五十カイリを出て敵がいなかったら、沖縄まで行くぞ……」

と武居が言った。

「武居、帰ってこいよ」

中北は一式陸攻を見送ると、通信室に入って「敵発見」の通信を待ったが、いつまで待っても報告はなかった。

中北は二機帰還しなかったのは、宇垣長官の後を追って沖縄へ突入したからではないかと考えている。命令がなくても沖縄へ突入したとなると、四名は最後の特攻隊であろうか。

戦後の高知航空隊の混乱ぶりはひどく、付近の住民の間で話題は消えない。

八月十五日の天皇の詔勅後、厚木海軍飛行場の青年将校の決起に呼応して、高知航空隊でも不穏の状態になった。決起派と阻止派が対立して流血寸前になったという。大混乱となって、夕方には上官の説得を無視して隊員が勝手に除隊を始めた。飛行場の警備がおそろかになり、外部から住民が侵入して、倉庫を壊して中の物資を略奪した。高知航空隊は無法地帯となった。

隊そのものにも秩序がなくなり、隊員が任務を放棄するなど、混乱の中で十六日の誤報事件が発生したのである。さらに室戸見張所の誤認は、任務の怠慢が原因といえる。

宇垣中将が自らの長官としての任務を放棄して、沖縄特攻に出撃した責任を問われるのはこの点にある。

噂によれば、高知航空隊の司令は、誤報の責任を取って自ら命を絶ったという。

(3) 早く艇から離れるんだ

浦戸には回天の基地があって、すぐ隣の御畳瀬《みませ》漁港の隣に震洋艇の格納壕があった。

新潟県出身の乙種予科練第十九期で、浦戸基地の第百二十七震洋隊の宮田昭一（81歳）とは、名古屋成夫の紹介で東京板橋の自宅で会った。

「八月十六日の午後二時過ぎだった。第一警戒配備なのか出撃命令なのか、搭乗員には詳しいことは分からない。即時待機せよと言われると、出撃が前提だから準備しなくてはならない。

須崎の本部からきた電文を、通信員が暗号翻訳して部隊長に報告する。部隊長は艇隊長に向かって、艇を格納壕から出して準備しろと命令した。敵の艦隊がどこにきているのか、われわれ搭乗員は全く知らされなかった」と宮田は言った。

部隊長は搭乗員を集めると出撃準備を下令した。

部隊長の訓示で今度こそ出撃に違いないと決意した反面、搭乗員は戦争が終わったのになぜ行くのか、ちぐはぐな気持を抱きながら宿舎に帰った。当時、御畳瀬から長浜にかけては、米軍の上陸に備えて陸戦隊が駐屯、山一杯に蛸壺と防空壕を掘っていた。

宮田はこれが最後になるだろうと、持っていたアルバムを宿舎の裏庭で焼いた。

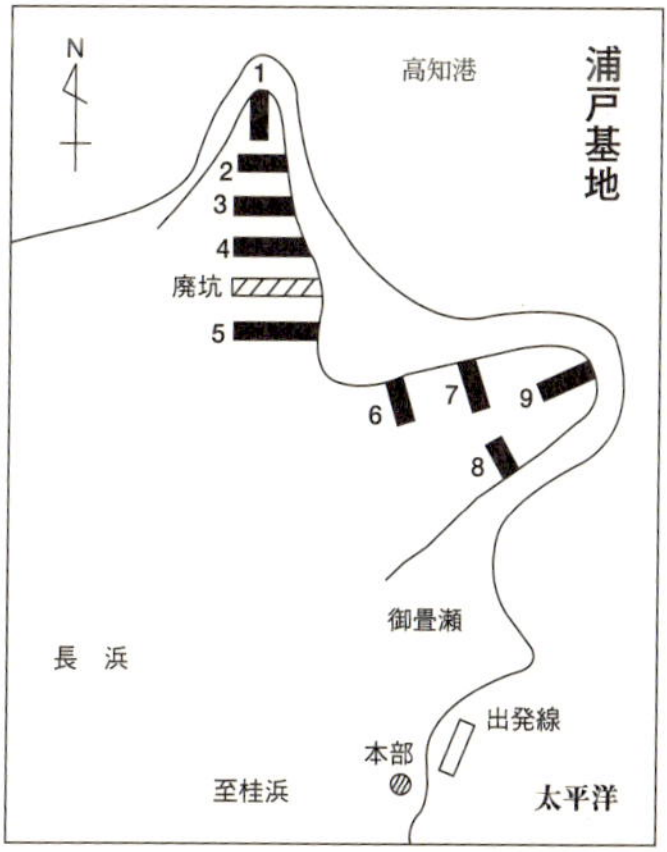

浦戸基地の格納壕は、御畳瀬漁港の北側、清華園という施設側にある。格納壕から震洋艇を海へ降ろすと、漁港の出発線まで海上搬送しなければならない。

岸壁に五型艇二十四隻を並べると、爆薬缶を艇首に詰め、燃料の航空ガソリンを給油した。

基地が急にあわただしくなったので、住民がそれに気付いて岸壁に集まってきた。宮田が宿舎にしていた家の老夫婦が、日本酒と肴を持って見送りにきた。見送りの住民の中には顔見知りの人が何人かいた。

「一体、何事ですな? 昨日、戦争が終わったというのに、海軍さんはまだやるんですか?」

不思議そうな顔をして宮田にたずねた。

震洋隊の出撃を知って、見送りの住民の数が増えていった。若い娘が集まってきて、知り合いの搭乗員に〝特攻人形〟といわれたマスコットを手渡した。

二十四隻の出撃準備となると作業が手間取り、整備員と基地隊員は飛び回っていた。特に二百五十キロの爆薬を艇首に装塡するのは、すぐ横にエンジンと燃料の増槽タンクがあるので危険だった。ゴムのチューブを張って絶縁したりして、大勢の整備員が作業を急いだ。信管は出撃直前に装着するが、危険な作業が夕方まで続いた。

沖縄県八重山の与那国島出身の東久部良《ありくぶら》浩（現在は中村姓）が高知市長浜に住んでいることを知って自宅を訪ねたが、数日前に亡くなったばかりだった。

『高知新聞』によると、八月十六日。浦戸基地の第百二十七震洋隊に「終戦は偽りである。足摺沖百マイルを敵艦隊進撃中につき、至急出撃準備せよ」という電文が届いたという。

夕刻が迫り準備が整った頃、ペアを組んだ北海道出身の牧二等兵曹と話しているうちに彼は、「僕は死にとうない、山に逃げる」と言い出したという。

その時、東の海上に稲光がして、爆発音が続いて脱走計画は失敗したという話を紹介している。

宮田は岸壁に立って、整備員がエンジンテストをしているのを、ぼんやりと眺めていた。

遠雷のような爆発音で、ふと東方の海上を見ると火柱が立っていた。

横にいた蒔田部隊長が、「敵の艦砲射撃が始まったぞ！　いよいよ出撃だ！」と、気が狂ったように叫んだ。

宮田は敵の艦砲射撃にしては、あまりにも静かなのが気になった。飛行機による攻撃もなく、海上は極めて穏やかだった。

搭乗員は白鉢巻を締めて、見送りの住民と別れの挨拶を交わしていた。部隊長の声にはじかれたように震洋艇に飛び乗った。

見送りの住民は、クモの子が散るように去った。

宮田は艦砲射撃にしては爆発が続かないことを不審に思って、堤防に立ったまま東の海上を見つめた。遠くで爆発音は何度か聞こえたが、飛行機の音が全くしない。薄暗くなった海面に、一条の光だけが映っている。

「おい、みんな。あれは艦砲射撃じゃないぞ、どうも様子がおかしい」

と宮田は言った。

岸壁に上がってきた搭乗員は、さきほどの爆発音を忘れたように立ち話をしていた。

「あの音と光は安芸方向だが、何があったのかな」

宮田は一人の搭乗員に話しかけた。

搭乗員は、艦砲射撃であれば必ず出撃命令があると思い、全員が震洋艇に搭乗して隊長の命令を待った。何の情報もないまま夜になった。

二時間以上待った頃、そこへ本部から部隊長が大声を上げて走ってくるのが見えた。エンジンの音が響いて、何を言っているのか分からない。搭乗員は出撃命令だと思い、エンジンをいっそう強くふかせた。煙が濛々と海面を舞い、部隊長の姿は消えた。

部隊長は岸壁に仁王立ちになって、両手を振ってエンジンを止めろと叫んだ。搭乗員には部隊長の叫んでいる意味が分からず、すでに岸の出発線から離れる震洋艇もあった。

「馬鹿者！　何たることだ。総員、早く艇から離れるんだ。エンジンのスイッチを切って、陸に上がれ、早く上がるんだ！」

部隊長と艇隊長が、なぜ艇から離れろと叫んでいるのか、宮田には理由が分からなかった。

「艇から二百メートル離れるんだ！　そして伏せろ」

これまで声を荒げたことがない部隊長が、血相を変えて怒鳴っている姿に、搭乗員はしぶしぶ震洋艇から離れた。

「爆発の危険があるから宿舎に帰って待機せよ」と言った。

部隊長は「爆発の危険がある」と言っただけで、理由を説明しなかった。一日だけ生き延びたと口には出さなかったが、宮田は食事が終わると宿舎で寝てしまい朝を迎えた。

翌朝、目を覚ますと、宮田は昨夜の爆発音と火柱がどうしても気になった。待機ということは、死ぬことが一日お預けになっただけのことで、臨戦態勢には変わりはない。朝食はいつもより進まず、おたがい顔を合わせても話すことはなかった。

「基地隊員の中から救助隊員を募集する。希望者は申し出よ」

外で基地隊長の声が聞こえた。宮田は基地隊長の妙な呼びかけに、何事が起こったのかと宿舎の前に出た。

基地隊長は、応募を申し出た救助隊員を前に、昨夜の手結基地の爆発事故に触れて、これから、浦戸基地から救護活動に行くと説明した。

基地隊員を手結基地に派遣することになったのは、待機命令が出ている搭乗員を救助に出すわけにはいかなかったからである。

宮田は爆発事故の話を聞いて、暗い気持になった。手結基地の搭乗員は、土浦、三重航空隊の予科練第十九期の仲間ばかり、特別親しかった新潟県出身の名古屋成夫もいる。昨夜の爆発と火柱から想像すると、並みの事故ではないはずだ。

基地隊員十人が救助隊のトラックに乗って手結基地へ出発した。

夕方、彼らは基地隊の下士官と一緒に帰ってくると、部隊長へ現地の状況を報告した。宮田は彼らに手結基地の状況を聞こうとして行ったが、その深刻な表情を見てためらった。日が経つにつれて、手結へ救助活動に行った基地隊員の話が伝わってきた。想像もできないような惨状を知って、宮田の心は痛んだ。

(4)　竹中部隊長不在説

手結基地の第百二十八震洋隊は、一瞬にして二十三隻の震洋艇を失い、隊員の半数以上が死傷した。その修羅場で誰が生きているのか、誰が死んだのか、翌日になっても確認できなかった。隊員たちは、その惨状の中を無言で細切れの肉片を拾い集めた。負傷者は次々と高知市内の日赤病院へ運ばれた。基地隊員の中の大工経験者は、安芸市内の木材業者から板を仕入れ、六十個の棺桶を作った。

竹中部隊長の言動がおかしくなり、搭乗員二人が付き添いで行動を監視した。その隙をぬって飛び出すと、軍刀を抜いて切腹すると叫んだ。搭乗員が引き戻しても、すぐに同じことを繰り返した。夜が明ける頃になると、こんどは住吉駅前へ出て軍刀を振り回した。

「竹中部隊長が住吉駅前の路上で、腹を切ると言って暴れているぞ！」

住吉部落の住民はその声を聞いて、どっと駅前に集まってきた。野次馬が取り囲む中を、竹中部隊長は目をむき出して軍刀を振り回した。心配した搭乗員が止めようとすると追いかけて切ろうとした。精神錯乱の状態で、誰も止めることができなかった。

「俺は責任を取って死ぬ！」

それを必死で止めようとする部下の姿を、部落の住民は見ている。

「死ぬ気なら軍人らしく堂々と腹を切ればいいじゃないか。男らしくなかった」

住民の中には部隊長の行動を、自らの責任をごまかすためのジェスチャーではないかと、批判する人もいる。

震洋隊本部は住吉なのに、なぜ住吉駅前に行って軍刀を抜いて暴れるのか、被害補償の問題も絡《から》んで住民の部隊長に対する評判はすこぶる悪い。

「責任を取って自決するだけの理由が、竹中部隊長にあったのではないか。須崎の本部から出撃命令が出た時には、派遣隊本部にはいなかったという噂がある。戦争が終わったので、安芸の料亭で酒を飲んでいて、探しに行ったが酔い潰れていて帰れなかったという話もある。結局、出撃命令を出したのは部下の将校だったというじゃないか」

手結港でカキ養殖の作業をしていた、手結漁協の元組合長と一緒にいた浜口功が、突然、爆発事故当日の竹中部隊長のことを話し始めた。浜口は八月十六日、知り合いの搭乗員が出撃するというので、友人の中村と一緒に基地まで見送りに行って、爆発事故に遭遇している。

搭乗員の神保公一は、当日を振り返って次のように語った。

「出撃命令は、必ず竹中部隊長が出すはずだが、全然記憶がないんだよ。爆発後、高知市内の日赤病院まで、負傷者をトラックで運搬して帰ってくると、竹中部隊長の姿が見えないんだよ。爆発に巻き込まれて死んだのかと思った。

部隊長の姿が見えないので、どこに行ったのかとたずねると、大声で叫んでいるので本部の裏庭に出て見ると、彼は腹を切るといって狂乱状態だった。その時、初めて部隊長を見たんだ。隊長、早まるんじゃない、と言って止めた覚えがある。

どう思い出しても、爆発事故前に部隊長の姿は見なかった。暴れる姿を見てお芝居だと思った。切腹すると言って騒ぐのも不自然だし、それまで全く姿を見せなかったのを不審に思っていたからね」

これまで生き残りの搭乗員に数人会って、爆発事故直前の部隊長の行動をたずねたが、誰も姿を見たという人がいなかったのはどういうわけであろうか。

二〇〇七年八月十六日、手結基地跡での慰霊祭で、手結山に派遣されていた陸戦隊の大島安雄と会った。毎年必ず慰霊祭に参列すると前田些代子から聞いていたので、前年に会場で探したが会えなかった。彼に会ったことで、部隊長の事故当日の行動の謎の部分が明らかになった。

八月十六日の爆発事故で、大島と同じ陸戦隊の西谷光明が爆発の巻き添えで行方不明になった。大島たち陸戦隊員は分隊士から不明の西谷捜索を命令された。

深夜、爆発現場を懐中電灯を頼りに西谷を探している時、たまたま予備生徒出身の京野少尉と一緒になった。蒸し暑い夜中の捜索に疲れて、二人は海岸に出て休憩した。竹中部隊長と大島が、同じ大阪の豊中中学出身ということで話がはずんだ。京野少尉は浦戸航空隊から手結基地に配属されて、まだ一週間にならないと言った。

「搭乗員に欠員が出て、私は出撃の予定だった。爆発事故の時は運良く本部に詰めていたから助かった。須崎の本部から出撃の電信が届いたが、竹中部隊長が行方不明で大騒ぎになりました。整備員の国田二曹が行先を知っていると言うことで、トラックで迎えにやりました。仕方がないので先任将校の入谷少尉が出撃準備の指示を出したんです。

爆発直後に帰ってきてあの惨状で、部隊長は錯乱状態になって暴れ出しました。艇隊長は全員亡くなって、その任務を遂行するには私には少し荷が重かった」

大島は京野少尉の言葉に、啞然として声もなかった。

大島は、慰霊祭が始まった最初の頃、生き残りの搭乗員たちが爆発事故の時に部隊長がいなかったことを話題にしていたが、だんだんその話はしなくなったという。

「部隊長の恥は、第百二十八震洋隊全体の恥だからね。上官を庇《かば》って臭いものに蓋をしてしまうのが、まあ海軍の伝統だからね」

と、大島は言った。

地元の部落の住民の中に根強く残っている部隊長不在の噂、生き残りの搭乗員の証言、大島の証言、どれ一つを取っても部隊長が自決すると騒いだことに結びつく。

爆発事故の時、部隊長は本当に現場にいて、百二十八震洋隊の指揮を取ったのであろうか、私の疑問は深まるばかりだった。

もし不在だったことが事実であれば、大爆発で百十一名の死者を出した指揮官としては失格である。そういう指揮官のもとで起こるべくして起こった爆発事故ではないか。爆発事故の際、部隊長が現場にいたのかいなかったのか、生き残りの搭乗員の証言も非常にあいまいな点があり、部隊長を庇っているのではないかと思うことがあった。

上京した時に高田馬場のホテルで名古屋成夫、河西祿郎の二人に会って、当日の部隊長の行動を思い出してもらった。

「戦争に負けた口惜しさもあって、搭乗員はヤケ酒を飲んだよ。とにかく敗戦が信じられなかったからね。部隊長も同じ気持だったのじゃなかろうか。朝から安芸の料亭に行って飲んで、ぐでんぐでんに酔って帰った話は、戦後になって聞いた。

今考えてみると、爆発事故の前に部隊長の姿は見なかった。普通であれば出撃の訓示をして陣頭指揮を取るはずだが、艇隊長の姿しか記憶にない」

河西が言った。

「出撃命令であろうと第一警戒配備であろうと、一応臨戦態勢だから、部隊長の訓示は必ずあるはずだ。それを全く聞かなかった。

部下に対してはとても厳しい部隊長で、艇隊長はいつもおろおろして顔色を窺っていた。生き残りの搭乗員が集まると部隊長の話が出るが、姿を見たという隊員の話はこれまで聞いたことがない。

手結基地の慰霊祭に、部隊長は一度もきたことがない。あれだけの部下を犠牲にしているから、人間として平気な顔をしてくるわけにはいかないだろうよ。遺族の前に顔向けができないからだよ」

と、名古屋も部隊長不在説を主張する。

地元の噂とは何か、私は住吉部落の住民にたずねてみた。

慰霊碑奉賛会の中村昌直会長は、当時、佐世保海兵団にいたので、爆発事故そのものは見ていない。九月に復員後、両親から詳しい話を聞いている。戦後、彼は慰霊碑と「青春」のブロンズ像の建設や、毎年の慰霊祭の中心的役割を果たしてきた。

「竹中部隊長が爆発事故の時に現場にいなかった話は住吉部落では有名で、当時、基地のお抱え運転手だった整備員の国田豊二さんからも聞いたことがある。出撃命令が出たので、青野艇隊長と一緒に安芸の料亭に迎えに行ったらしい。ところが部隊長は女と酒を飲んで、なかなか帰らなかったということだ。

彼とは漁師仲間だし、酔っ払うとその時のことを話しとった。部隊長を迎えに行ったことで、相当怒られたのではなかろうか。死者に鞭打つことは差し控えたいが、いろいろ噂があったようだ」

中村はそこまで言うと話を切った。

「手結の爆発事故のことを本に書いた女性が近くにいる。漁師の娘で爆発事故を体験しているよ」

と言って、手結山に住んでいる前田些代子を紹介してくれた。

夏の海水浴シーズンになると、住吉海岸で小さな売店を開いている。前田は子ども向けの絵本を孫と共著で出版するといって、それまで集めた手結爆発事故の資料を見せてくれた。

「手結基地の爆発事故の真相を知っているのは、竹中部隊長と国田二等兵曹、それに火災を起こした一号艇の高橋堅太郎さんくらいじゃないでしょうか。

十五日に戦争が終わって、部隊長として全身の緊張が吹き飛んで心が緩んだのでしょう。十六日の爆発事故の日、竹中部隊長は昼頃から安芸の料亭に飲みに行ったという話が残っている。その料亭は〝にしぶん〟と言って、国田豊二さんがトラックで運んだらしい。

ところが十六日の午後になって須崎の本部から出撃命令が出たので、艇隊長たちは大あわて、一人の艇隊長と国田豊二さんが安芸の料亭まで迎えに行ったそうです。部隊長は相当酔っ払っていて、『戦争はまだ終わっていないぞ！　出撃するんだ！』と言って動かなかったそうです。

艇隊長だけが先に帰って、出撃準備をしたらしいのよ」

前田は力を込めてそう言った。前者の話と符合する。敗戦の詔勅があったとはいえ、海軍はまだ臨戦態勢にある、その重要な時に全く不可解な部隊長の行動である。

隊本部のお抱え運転手の国田が、部隊長の行動を一番知る立場にある。彼は地元の娘、敏子と結婚して、故郷の鹿児島県徳之島には帰らなかった。部隊長の不在と火災の原因については、一切沈黙を通し続けて語ろうとしなかった。

国田は整備学校出身の整備員ではなく、入隊後に整備係に配属となり、器用で自動車に精通していることから手結基地では重宝がられた。トラックの運転手として、部隊長が安芸の料亭に行く時は必ず指名されていたというのだ。

戦後、まもなく敏子と結婚して、亡き戦友の墓守りをするつもりで住吉部落で雑貨屋を始めた。武士の商法で経営が行き詰まった。敏子の親戚に頼んで漁師に転業したがうまくいかず、酒に溺れるようになった。

列車事故で足に怪我をすると一層落ち込んで、部落での人間関係が悪化して孤立を深めた。

国田は酔っ払うと、八月十六日に部隊長を安芸の料亭にトラックで送ったことを話したという。

太平洋戦争が始まると全国的に物資が不足して経済統制になり、すべてが配給制度で不自由な世の中となった。酒も手に入らなくなり、料亭などは廃業に追い込まれた。本土決戦に備えて四国防衛のために、陸海軍が駐屯してくると、料亭などがにわかに復活して営業を始めた。高級将校たちは、芸者を呼んで毎夜のように宴会を開いた。酒と肉類は軍の持ち込み、魚と野菜は町役場の兵事係が手配した。

町の旅館でも米を持ち込めば、どこでも宿泊できた。

料亭も「海軍さん」「陸軍さん」と、それぞれ専用があった。陸海軍で同じ料亭を使うと、酔った勢いで口論になり、軍刀を抜いて大喧嘩になることがあった。両者は自然に別の料亭で宴会を開くようになった。

表立って芸者置屋を営業できないために、料亭で芸者を抱えるか、お客のたびに外部から酌婦として呼んだ。

師団や航空隊の高級将校が高知市内で料亭に行くと目立つので、安芸町などの田舎の料亭に遠出したという。

前線では各地で玉砕が続いている時に、上層部将校の腐敗と堕落ぶりは目に余るものがあった。

八月十五日の天皇の詔勅によって、陸海軍の組織そのものががたがたになり、大混乱に陥ったことは事実である。敵の四国上陸という極度の緊張から解放されて、気の緩《ゆる》みがどっと出てきたのかも知れない。手結基地の大爆発事故がなければ笑ってすまされることも、百十一名の死者と数十名の重軽傷者を出したとなると、部隊長の責任は重大である。

しかも出撃準備中に手結基地に姿を見せなかったとすれば、どのように解釈すればよいのであろうか。

作家の島尾敏雄は、一九七八年七月末に手結基地を訪ねて、「震洋の横穴」のルポを書いている。彼は九大から海軍予備学生として入隊、第十八震洋隊長となって、奄美大島の加計《かけ》呂麻島《ろまじま》に赴任している。

彼は手結基地の第百二十八震洋隊の爆発事故に興味を持って、住吉部落に住む二人の婦人と会って当時の話を聞き、その後、手結魚雷艇隊長だった、第一期魚雷艇学生時代の同期生とも会って取材している。その結論として、

「私が最も知りたい事柄でそれが曖昧なのは、出撃命令の確かな出所と、指揮官の動静に関するものであった。部隊の動きの中心には指揮官が居なければなるまい。それにも拘《かかわ》らずこれらの資料には、彼の影が稀薄であった……」と指摘している。

島尾は第十八震洋隊長としての経験があり、取材の過程で竹中部隊長の不在を鋭く感じ取っていたのである。

竹中部隊長の不在説を追って、私は住吉部落をなんども訪れた。取材を終わって国道に出ると、ちょうど安芸方向からタクシーがきたので止めた。

「お客さんはカメラマンですか?」

首から下げたカメラを見て、運転手が言った。

「戦時中の安芸の料亭を探しているのだが……」

料亭南風の３代目女将吉岡末子

「ずいぶん昔の話ですね。どういう料亭ですか？」

かなり年配の白髪の運転手が言った。

「安芸本町の横町《よこまち》とかいう細長い歓楽街の近くの黒岩デパートには、憲兵隊があったそうだが。狸の置物がある中店《なかみせ》という料亭はまだありますか？」

私は敗戦翌日の手結基地の爆発事故のことをかいつまんで運転手に話した。

「横町なら私が生まれたところです。現在は安芸本町ですが……」

幸運なことに、運転手は横町生まれだと言うのだ。手結基地の爆発事故は見たことはないが、親や近所の人から聞いて知っていると言った。海軍の高級将校が行っていた料亭を探していると話すと、戦時中の女将の吉岡さんなら、子どもの頃から知っていると言った。

「その料亭は南風といって海軍さん専用、陸軍さんは中店と決まっていたんです」

本通りから横丁を入ると、立派な門構えの建物が見え〝南風〟と標札がかかっていた。

今夜泊まるところはないかとたずねると南風の親戚が経営している、山登屋《やまとや》旅館に案内してくれた。

翌朝、三代目の女将の吉岡末子（83歳）

に会い、六百坪もある広い料亭南風を案内してもらった。

父親の西岡豊太郎は東京相撲の「大和山《だいわざん》」、怪我で帰国すると安芸市で料亭南風を開業した。末子は四人姉妹の三番目、これで打ち終わりだと末子と名付けたが、もう一人よし恵が生まれた。

戦後すぐミス安芸に選ばれただけあって、高齢とはいえなかなかの美人である。

「戦時中、海軍の手結基地の部隊長だった竹中清作中尉をご存知ないですか?」

と、私はたずねた。

「戦時中は母が女将《おかみ》の時代で、私は女学校を出たばかり。県の職業紹介所に勤めていましたからね。シーちゃんと言って、黒岩静子よね。その姐さんが女中頭で、とても色気があって、ずいぶん海軍さんにもてていました。生きとりゃ当時のことは分かりますけど、もう亡くなりましたからね」

と言って彼女は笑った。この料亭南風で戦時中に何があったか知る由もないが、昔ながらのたたずまいは時代の歴史を刻んでいるようだ。

帰りに前田些代子が言った〝にしぶん〟という料亭を探したが、遂に分からなかった。

(5) 第一警戒配備か出撃命令か

日本軍は、敗戦と同時に軍関係の極秘文書をほとんど処分しているので残っていない。唯一の記録は関係者が残した当時の手記であるが、戦後書いたものはどちらかというと信用できない。伝聞が入ったり、身内を庇《かば》って事実を隠すことが多く、真相はなかなか表面には出てこない。

手結基地の爆発事故の場合、戦争が終わった後だけに、誰が命令を出したかを問われると、おたがいに責任のなすり合いになる。命令は電信なので、その文書は当然残っているはずである。手結基地の爆発事故に関してはそれがない。誰かが故意に隠したとしか思えない。

第二十三突撃隊本部が出撃命令を出したのか、あるいは第一警戒配備なのか、戦後、半世紀が過ぎてもいまだにはっきりしない。そこで気になるのは、命令を受信した時間は何時なのか、『夜須町史』をはじめとして、「八月十六日午後」という、非常にあいまいな表現をしていることだ。一番重要なことが欠落しているわけで、その後いろんな推測を生む原因となった。

『雄飛愛媛』の「特攻隊（池田隊）始末記」の中で、野見基地の第四十九震洋隊の清家善四郎は、次のように記している。

「八月十五日、出撃待機命令のまま正午を迎えた。午後に至り、待機命令の解除と無条件降伏が知らされる。信じられない。

翌十六日になると、高知の山岳地帯に布陣していた陸軍の各部隊が解散し、復員を始めたとの情報が伝わる。

しかし、特攻基地は戦闘配備のままである。

果たせるかな午前十一時頃、再び出撃待機命令が発令された。既に無条件降伏をした状況の中で、一隻か二隻の敵艦を撃沈し得たとしても、大勢はどうすることも出来ない。犬死だなと思いが浮かぶ。しかし、命令が出れば出撃しなければならない。今さら死にたくないが、死を恐れた卑怯者と言われたくない。内心の葛藤はあった」

清家たち野見基地の第四十九震洋隊は、須崎の第二十三突撃隊に所属していた。

第二十一突撃隊に所属している越基地の第百三十二震洋隊の二階堂清風は、『海の墓標—水上特攻震洋の記録』の中で次のように記している。

「八月十六日の夜、四度目の出撃命令が下令された。四＝死か。今度は待機時間なし、待ったなしの、準備出来次第、即出撃である。

戦争が終わったという勅令が出た後なのに、と不審を抱きながらも命令には逆らえず、徹夜でその準備に取り掛かり、いざ出撃の段間で、またしても誤報の知らせ、この時ばかりは、先のホッとした以上にやれやれとばかり、心底から胸を撫で下ろした。こんな誤報なら何度でもいい」

手結基地の第百二十八震洋隊の神保公一は、午後二時過ぎ、「敵機動部隊、土佐沖を北上中、直ちにこれを撃滅せよ」と言われたという。

神保は甲板下士官で、青野艇隊長と二人で搭乗員を確認した後で燃料壕を調査に行っている。

『写真集人間兵器・震洋特別攻撃隊（下巻）』の中で、第百二十八震洋隊の木下福太郎は次のように記している。

「八月十五日、総員集合。竹中部隊長から天皇の敗戦の詔勅を体し、待機するよう命令があった。翌十六日午後、炎暑のなか全員が虚脱状態にあった時、須崎市の第二十三突撃隊から『土佐沖を米機動部隊北上中、これを直ちに撃滅せよ』の命令が下った」

ここでは「十六日午後」と述べているだけで時間は特定していない。しかし、同書（上巻）では別な記述がある。

「昭和二十年八月十五日、敗戦のラジオ放送があり、四国地方の震洋隊各部隊は、翌十六日も矛《ほこ》を納めず、まだ混乱の渦中にあった。第八特攻戦隊二三突撃隊第一二八震洋隊竹中部隊に、夜半十五日に出撃命令が下り……」

これによると、「十五日夜半」に出撃命令が出ていることになり、前者の記述と矛盾する。『夜須町史』の中で紹介されている手結駐留の陸戦隊付の武中少尉の手記は、浦戸航空隊本部からの電文の中に時刻まで示している。

海軍内部の混乱を伝えるものとして、貴重な証言である。

「八月十五日、夕刻。河田大尉（大隊長）は士官を集めて『本日正午の放送は、中央の一部幹部のクーデターか、または米国のデマ放送かも知れぬゆえ、幹部諸君は慎重に行動をされたい。なお、本大隊は浦戸本隊司令を通じ、呉鎮の命令により行動する』と説明した（中略）。

翌十六日午後二時半、『敵艦隊土佐湾に侵入の模様、合戦準備をなせ』の通信により、大隊は戦闘配置につき、手結港の高速魚雷艇、山一つ越えた住吉の震洋隊は直ちに出撃準備に入った。

電波管制のため通信状態は極度に悪く、詳細に関して本隊との連絡はとれないが、当初の計画どおり、大隊各部の戦闘態勢は整えられ、あとは見張りによる敵艦影の発見のみとなり、大隊の全神経は完全に戦闘一本に指向された……」

と、一触即発の情勢を伝えている。手結陸戦隊の本部は浦戸航空隊にあり、震洋隊本部は須崎にあって、命令系統が異なるにもかかわらず、ほぼ同じ内容の出撃命令が、同時に出されたという事実からみて、両者の頂点に立つ呉鎮守府がその根源であることは明らかである。

町史としては、この部分に限ってかなり核心をついた指摘をしている。

では誰が命令を出したのか、その人物を探し出せば、謎の出撃命令の真相が明らかになると思った。

その人物とは、第二十三突撃隊の特攻長だった堀之内芳郎少佐である。東京方面に健在という噂と、別の情報では故郷の鹿児島に帰ったとも聞いた。海兵第六十二期であるから、生きていても相当の高齢である。そのうち『軍艦旗よ再び—ある海軍士官の戦後』という著書を入手した。はやる気持を押さえながら、一気に著書を読んだ。

彼は戦後、海上自衛隊に入隊、一九六七年に海将補で退職している。特攻長時代に起こった手結基地の震洋隊爆発事故に触れた部分があるに違いないと期待したが、一行も触れてないので失望した。

堀之内にとっては、彼の人生では負の部分であり、触れられたくないであろうが、命令を出した責任者として、真相を明らかにする義務があるのではないだろうか。それが亡くなった百十一名の犠牲者に対する人間としての責任の取り方だと私は思う。

堀之内特攻長が生存しておれば会いたいと思い、方々手を尽くして探していたところ、神奈川県伊勢原市に住んでいることが分かった。

二〇〇七年九月、電話をした上で手紙を出し、二十六日に会う約束を取りつけた。ところが出発の前日に手紙で断わってきた。

その手紙の中に、三通の手記が同封されていた。戦後に書いた手記というのはどのようにも書けるので、私は信用しないことにしている。手記を読んだ上で直接会って内容を糾《ただ》さないと、まさに一方通行である。

二〇〇八年一月、防衛省防衛研究所に史料を探しに行く用件があったので、飛び込みで伊勢原市の自宅を訪ねた。玄関のベルを押したが応答がないので、裏庭に回って部屋の戸を叩いた。側に〝猛犬に注意〟の立看板があった。その夜、ホテルから電話をすると家族が出たので替わってもらうと、健康上の理由で会えないと断わられた。

翌日、神戸の高谷良一（第百三十二震洋隊）との約束があったので、堀之内特攻長と会うことを断念した。

特攻長の手記

元第二〇三突撃隊特攻長

堀之内芳郎

◇発令の経過について
発令の経過を、指揮系統に従い大本営から順にたどってみると、次の通りである。
◇大本営
玉音放送のあった八月十五日、大本営海軍幕僚長（軍令部総長）は、海軍総司令長官あて、次の奉勅命令を電令した（関係部分のみ摘記）。
大海令第四八号
海軍総司令長官ハ　指揮下海陸軍全部隊ヲシテ即時戦闘行動ヲ停止セシムベシ　但シ停戦協定成立ニ至ル間　敵来攻ニ当リテハ　自衛ノ為ノ戦闘行動ハ之ヲ妨ゲズ
〔筆者注〕
①大海令……大本営海軍部命令
②奉勅命令……天皇の命令を受けて発する命令
③電令……通信による命令
④この大海令は、防衛研究所所蔵の図書『大海令』から引いたものである。当時、我々下級部隊ではこれを知る由もなく、筆者が知り得たのは、戦後もだいぶんたってからのことだった。
◇海軍総司令部
前記の大海令を受けた海軍総司令長官は、同日二二時三七分、決号作戦部隊各司令長官及び司令官あて、次の電令を発した。
GB伝令作第一九四号
一、大海令第四八号ニ依リ、何分ノ令アルマデハ対米英蘇支積極進攻作戦ハ見合セルヲ下令セラル
二、各隊左ニ依リ作戦スベシ
(1)、決号正面ニ来攻スル敵ニ対シテハ断乎《だんこ》自衛反撃スベシ
(2)、略
〔筆者注〕
①決号作戦……本土決戦
②GB……海軍総隊の略号
③電令作……電信による作戦命令
④大海令第四八号では、「自衛戦闘ハ妨ゲズ」とあるが、この電令では「断乎自衛反撃スベシ」と強調されている。
⑤この電令は、防衛研究所所蔵の『第八特攻戦隊司令部軍電綴』から引いたものである。
◇第八特攻戦隊司令部（以下「八特戦」と省略）
右の電令を受けた二三突の上級司令部たる八特戦司令部は、十六日午前一時一五分翻訳を終え、直ちに（電文のままを）麾下《きか》各部隊に転電した。
◇二三突本部

二三突本部はこの転電の翻訳を終え（時刻不明）、はじめて「自衛戦闘はなお継続すべき旨」を承知した。

当時、横山司令は高松海軍地方人事部に出張不在であったので、先任将校（次席指揮官）たる特攻長・堀之内少佐は午前十時、司令の名において、麾下各隊に対し次の通り電令した（本電令は八特戦司令部にも通報したが、同司令部は午後三時三〇分に翻訳を終えている）。

一、米英蘇支ニ対スル積極進攻作戦ハ何分ノ令アル迄見合セ、但シ決号作戦正面ニ来攻スル敵ニ対シテハ、断乎自衛反撃ノ事ニ下令サル。

二、各隊ハ新事態ニ対処シ、苟《いやしく》モ悲憤激昂《げつこう》シ、大命ニ悖《もと》ルガ如キ言動ニ出デ、或イハ事既ニ終ワレリトシテ戦備訓練ヲ緩ムル等ノ事ナク、堅ク各指揮官ヲ中心トシテ、一致団結士気ヲ旺盛ニシ、実力ノ満ヲ持シテ任務ノ完遂ヲ図ルベシ。

〔筆者注〕

この電令も前記の「八特戦司令部軍電綴」から引いたものである。

この電令を受けた各隊は、「自衛の為の戦闘はまだやるんだ」と知り、隊員は水を得た魚の如く息を吹き返し、昨日来しぼんでいた士気はにわかに高揚した。

そんな雰囲気の中、十六日午後六時前、本部は次の緊急情報をキャッチした（情報源は不明確）。

「高知市ノ南方二十五キロメートルニ、戦艦又ハ巡洋艦ラシキ檣《マスト》十三本確認」

スワッと色めき立っているところへ、上級司令部八特戦司令部から緊急電――。

「情報ニ依レバ、土佐沖ニ敵艦群見ユ」ここにおいて、特攻長は主要幹部を緊急召集し、作戦会議の上、万が一に備え二三突全般あて、司令の名において、次の通り緊急電令した。

「土佐沖ニ敵艦見ユトノ報アリ、第一警戒配備トナセ」

各隊は勇躍警戒配備に就き、隊員は固唾を呑みつつ次の命令を待った。

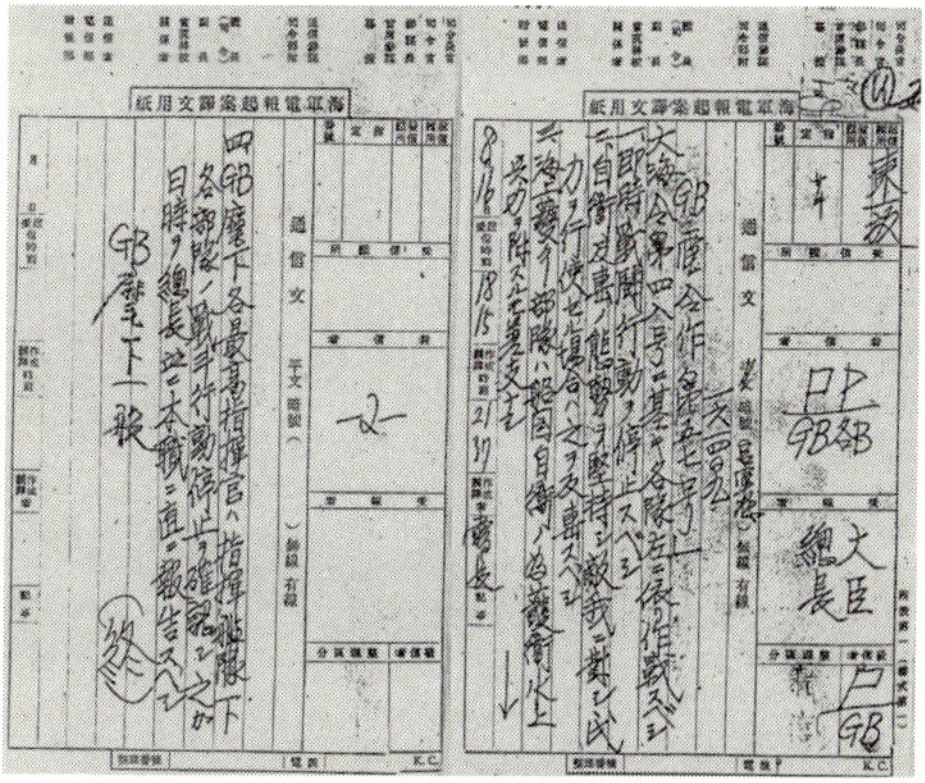

大海令第48号を受けて麾下部隊に発したＧＢ電令作第57号（「第八特攻戦隊司令部軍電綴」より）

以上が堀之内特攻長が私宛に送ってきた手記の一部である。

彼は「大海令」について、当時、知らなかったと言っているが、防衛研究所にある「第八特攻戦隊司令部軍電綴」には、ちゃんと残っていて、私はその電文をコピーしてきた。特攻長としては必ず目を通して、配下の各震洋隊に対して第二十三突撃隊司令の名で命令を出しているのである。彼が知らなかったではすまされない。

さらに堀之内特攻長は、第二十三突撃隊が第一警戒配備の命令を出したいきさつを述べている。しかし、十六日午後六時前に「戦艦又は巡洋艦らしきマスト十三本確認」という緊急情報をキャッチしながら、その情報源が不明確とは、第一線の指揮官としての能力を問われても仕方がない。その時点で、その情報源を疑ってみるべきではなかったか、それだけの情報で安易に第一警戒配備を下令した軽率さこそ、手結基地の爆発事故の最大の原因になったのである。

堀之内特攻長が手記で述べていることをそのまま受け取れば第一警戒配備であるが、搭乗員や手結に派遣されていた陸戦隊の武中少尉の証言とは大きくくい違っている。どこからその差が生じたのであろうか。彼は次のように説明する。

「当時、本部に在って特攻長を補佐した特攻隊長O氏、並びに手結震洋隊の近くに在った魚雷艇隊の隊長H氏も、下令されたのは出撃命令ではなく、第一警戒配備であったと明言している。

常識的にも、敵の位置の明確でないあの状況において、いきなり出撃命令など下せるはずがない。それなのに、巷間それを下令したと言い触らされているのは何故だろう。

思うに若年隊員にとっては、初めて体験する『実戦』であり、いわゆる『戦場心理』から、警戒配備が即出撃命令にエスカレートしてしまい。後日後者が真実として生存隊員から地元の人たちに伝わり、やがて物語的に誇張あるいは捏造《ねつぞう》されて、一般に伝播《でんぱ》したのではなかろうか」

堀之内特攻長は、あくまでも第一警戒配備と主張するが、十六日午後二時半の第二十三突撃隊の命令は何であったのであろうか。

今言えることは、第一警戒配備であろうと、出撃命令であろうと、手結基地の爆発事故は、確実に起こっているのである。

堀之内手記に出てくる「特攻長を補佐した特攻隊長O氏」というのは仮空の人物ではないのか。

特攻隊長といえば、例えば第百二十八震洋隊の部隊長のことで、第二十三突撃隊にはそんな職制はないはずである。

私の手もとにある『第二十一突撃隊日誌』に記載されている役職名を見れば、特攻長の下に特攻隊長という職は、本部の中にはないことが分かる。

第八特攻戦隊はじめ、第二十一、二十三突撃隊は、敵上陸に備えて臨戦態勢でのぞんでいる。そうした緊迫した状況の中にあって、第二十三突撃隊の横山司令が、高松海軍地方人事部に出張することは考えられない。

戦後、横山司令は第一警戒配備を下令した記憶はないと伝えられている。では、堀之内特攻長が司令に相談なく、独断で第一警戒配備を下令したのであろうか。

天皇の敗戦の詔勅後に、大海令は下令されたものの、副長とはいえ特攻長の権限で第一警戒配備を下令できたのか疑問が残る。さらに第百二十八震洋隊の搭乗員高橋堅太郎が、金井明宛の手紙に書いている、「車で手結山の道路から転落して、大怪我をして高知日赤へ入院していた」という証言が真実であれば、堀之内特攻長のいう横山司令が高松海軍人事部に行った話は嘘になる。

なぜ、横山司令が手結基地の周辺にきて、車の転落事故を起こして高知市内の日赤病院に入院していたと高橋堅太郎が証言するのか、謎は一層深まるばかりである。堀之内特攻長に真相を語ってもらいたいものである。

(6) マスト十三本発見

堀之内芳郎が送ってきた史料に『歴史群像』(学研二〇〇三年十二月No.62)がある。彼が書いた「震洋㋹激闘記」の中に重要な記述があった。

「悲劇を生んだ誤認

手結山の惨事を招いた敵艦来攻の情報は、どこからきたのか。

須崎の第二十三突撃隊本部は、高知航空隊(現高知空港)が発信した『高知市南方二五キロニ戦艦マタハ巡洋艦ラシキマスト十三本視認』という緊急電を受信した。十六日午後六時まえである。すわ、と色めきたったとき、上級部隊の第八特戦隊からも、おなじく敵発見の緊急電がはいる。これで各部隊とも第一警戒配備についたわけである。

では、その『マスト十三本発見』の情報はどこから出たのか。

高知空に、機上練習機(機練)があった。訓練しながら偵察業務を兼ねる飛行機で、この機練で土佐湾を哨戒中の一機が、夕ぐれの中の海面にマストを発見し、正確に十三本をみとめた。漁船だったが、搭乗員は敵艦のそれと見誤り、『敵マスト十三本発見』と打電した。

問題は、その後の処置である。機練はマストに接近せず、確認をしなかった。速力の遅い機練は、戦闘機に即座に撃墜されるため、逃げ腰になりやすかった。

搭乗員の練度も落ちている。終戦翌日の搭乗員の心理状態は普通ではなく、柳を亡霊と見てしまった感がある。とはいえ、第二報を入れなかったのは大失敗であった。

誤報は陸海軍の各地部隊をかけめぐり、ふりまわした。

十六日午後七時前、四国山地の南端、香美郡土佐山田町新改にある陸軍四国防衛軍監視所から緊急電が入る。

『海軍部隊敵艦船ト交戦中、大火柱ヲ発見ス』と。

須崎本部に大歓声が上がった。つぎは我々の番だと、が、次第に疑問がわいてきた。敵来襲にしては静かすぎる。砲声も爆音も聞こえていない。

午後八時ごろ、高知航空隊から入電があった。

『四国南方方面ニ敵機動部隊接近中、我ガ水上艦艇之ヲ攻撃中、火柱六本ヲ認ム』

火柱視認の情報は、四国、九州の陸軍にも伝わり大騒動となる。

午後十時ごろ、高知航空隊からの連絡で、初めて手結山、住吉海岸で震洋が爆発した大事故と判明。須崎本部は救助隊を派遣する。

続いて第八特攻戦隊から『先ノ情報ハ誤リ』が入電。第一警戒配備解除が指令された。一同がっくりし全身の力がぬけた。

誤報の拡散は、日本国内にとどまらなかった。東京の大本営は、八月十七日朝、はるかマニラのマッカーサー元帥司令部宛に、つぎの電文を送ったのである。

『十六日正午ゴロ、十二隻ノ艦船ノ一団高知付近海岸ニ接近シキタリタル処、我ガ方ニ於テハ、停戦命令発セラレザリシ為、現地航空部隊ハ之ヲ攻撃シ、若干、被害ヲ生ジタルモノノ如シ』（外務省保存）

続けて『停戦命令が徹底するまで、連合軍は日本近海に接近するのを遠慮してほしい』と打電している。一時的にせよ、出端をくじかれて、マッカーサーも首をひねったことだろう。幻の土佐沖海戦。その影響は、あまりにも大きかった」

誤認と誤報から発展して起こった手結基地の爆発事故は、また海外にまで知られることになった。単純な情報ミスと笑ってはすまされない大失態は、敗戦がもたらした海軍内部の大混乱が原因であることが分かる。

海軍軍令部の「来攻する敵に対しては自衛反撃」の方針が、下部組織がどれほど理解できたかは怪しいものだ。一般的な国民の考えとしては、天皇の詔勅によって戦争は終結したと認識するはずである。搭乗員すべてとは言わないまでも、戦争が終わったのになぜ出撃しなければならないか、と素朴な疑問を持つのは当然である。

国際法によると、停戦受諾後といえども、四十八時間以内は戦闘状態が継続することが認められている。四十八時間以内での自衛のための戦闘は違法ではない。敗戦後、東京上空に侵入した米軍機が、日本機によって撃墜された前例もある。

そうした国際法があることを、どれほどの現地指導者が認識していたか分からないが、恐

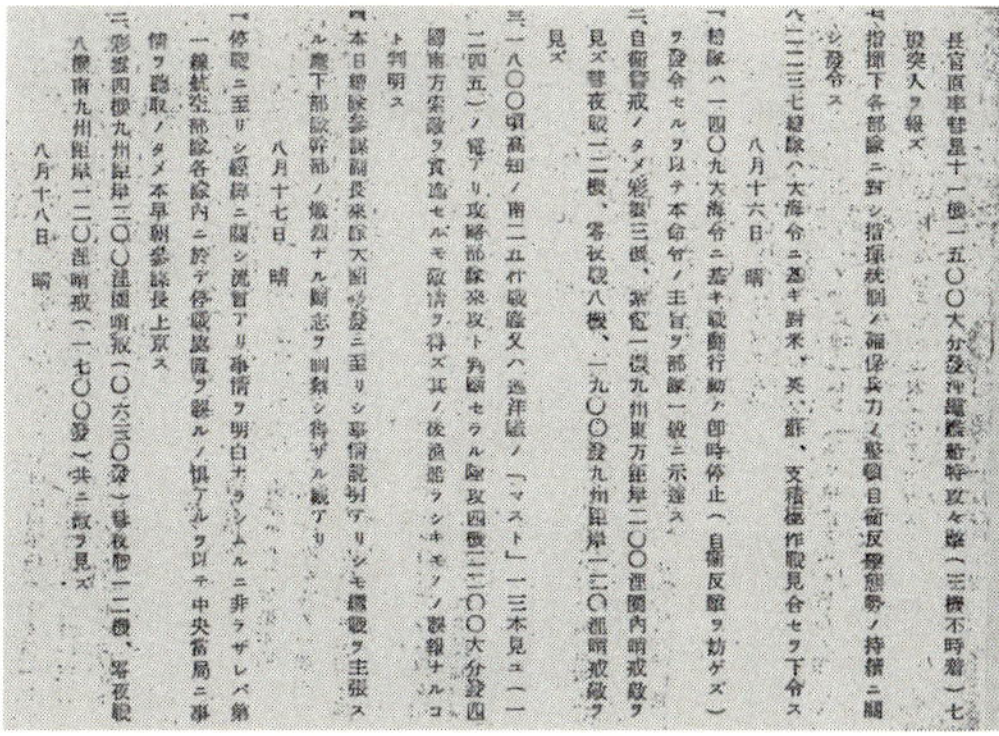

第五航空艦隊の作戦記録　（自一九四五年二月 至一九四五年八月）

長官直率彗星十一機一五〇〇大分発沖縄艦船特攻々撃（三機不時着）七
機突入ヲ報ズ
四、指揮下各部隊ニ対シ指揮統制ノ確保兵力ノ整備自衛反撃態勢ノ持続ニ関
シ発令ス
八、二三三七総隊ハ大海令ニ基キ対米・英・蘇・支積極作戦見合セヲ下令ス
八月十六日　晴
一、総隊ハ一四〇九大海令ニ基キ戦闘行動ノ即時停止（自衛反撃ヲ妨ゲズ）
ヲ発令セルヲ以テ本命令ノ主旨ヲ部隊一般ニ示達ス
二、自衛警戒ノタメ彩雲三機、彩雲一機九州東方距岸二〇〇浬圏内哨戒敵ヲ
見ズ警夜戦二二機、零夜戦八機、一九〇〇発九州距岸一三〇浬哨戒敵ヲ
見ズ
三、一八〇〇頃高知ノ南二五〇浬附近戦艦又ハ巡洋艦ノ「マスト」一三本見ユ（一
二四五）ノ報アリ攻略部隊来攻ト判断セラル陸攻四機二三〇〇大分発四
国南方索敵ヲ實施セルモ敵情ヲ得ズ其ノ後漁船ラシキモノノ誤認ナルコ
ト判明ス
四、本日総隊参謀副長来隊大西次長ニ至リシ事情説明アリシモ継戦ヲ主張ス
ル麾下部隊幹部ノ熾烈ナル闘志ヲ制禦シ得ザル観アリ
八月十七日　晴
一、停戦ニ至リシ経緯ニ関シ誤解アリ事情ヲ明白ナラシムルニ非ラザレバ第
一線航空部隊各隊内ニ於テ停戦拒否ヲ懼ルノ惧アルヲ以テ中央当局ニ事
情ヲ聴取ノタメ本早朝参謀長上京ス
二、彩雲四機九州距岸三〇〇浬圏哨戒（〇六三〇発）警夜戦一二機、零夜戦
八機南九州距岸一三〇浬哨戒（一七〇〇発）共ニ敵ヲ見ズ
八月十八日　晴

「敵マスト13本発見」についても触れている第５航空艦隊の作戦記録

らく徹底抗戦を貫く決意であったと思う。

震洋隊の部隊長はじめ搭乗員は、大本営の決定を知らないまま、第八特攻戦隊の命令で、出撃準備をしたのである。

大混乱を巻き起こした当時の四国における海軍の情報活動と通信は、どのようになっていたのであろうか。

太平洋戦争勃発以来、米軍の攻撃に備えて監視態勢を整え、四国では足摺岬と室戸岬に特設見張所を設けた。一九四四年には両所に電波探知機が特設された。海軍は各基地の近くに監視所を設置すると、敵機をはじめ軍艦、潜水艦など侵入してくる敵の動静を探った。陸軍の情報も共有する形で、上部機関に報告した。特設見張所と監視所の情報は第二十一、二十三突撃隊へ送られ、それはさらに第八特攻戦隊、呉海軍鎮守府で集約された。

足摺岬の特設見張所は土佐湾と豊後水道、室戸岬は土佐湾と紀伊水道を一望のもとに見渡せる絶好の位置にあった。私は記録作家金井明の案内でどちらも現地に立って見た。晴天の時には土佐湾は肉眼ではくっきりと見えた。

爆発事故があった八月十六日は晴天、足摺岬と室戸岬の電波探知機は当然、敵艦を捉えているはずである。

それ以外の監視所でも、肉眼でも見える位置である。戦争が終わったため、特設見張所の監視兵が職務を放棄していたという噂もある。

士官一名、下士官以下四十六名の監視兵が詰めており、土佐湾内の動静に全く気付かなかったことはありえないことだ。

基地の爆発事故を敵と交戦中と、とんでもない情報を報告していたのである。夏の午後七時といえばまだ明るく、室戸岬からははっきりと確認できる。望遠鏡と双眼鏡で見ると、一層鮮明に見えるはずだ。

臨戦態勢に入ると、震洋隊の通信員は二十四時間勤務となり、交替で睡眠を取った。発信は少ないが受信が多くなる。

八月十日頃、土佐沖を敵機動部隊が通過すると、越基地の第百三十二震洋隊に出撃待機が下令された。長田兵曹は不眠不休、通信室と本部を往復した。

通信員の高谷良一は、送信してくる暗号電文を用紙に整理した。「一般」「至急」「機密」に分け、「機密」は赤で書いた。側にいる暗号掛《かか》りが翻訳すると、長田兵曹に渡した。

八月十六日、陸海軍の監視所からの情報、第二十一突撃隊からの電文命令書が矢継ぎ早に届いた。

「はっきりした時間は思い出せないが、敵艦隊、土佐湾を北上中とか、攻撃中とか電信が入った。その電信の内容は極秘で、通信員同士でも内容を話すことは禁じられていた。攻撃中となると戦場になるわけですから、長田兵曹が大変なことになったとだけそっと教えてくれました。

もう電信が入り乱れて、渡辺部隊長としては、どれを信じていいのか、全く分からなかったのではないでしょうか。陸軍の四国防衛軍からの電信もどんどん入りましたからね」

高谷は、当時のことを思い出しながら語った。

手結基地の震洋隊が敵艦船と交戦中となれば、いずれ越基地も出撃するであろうと、白鉢巻きをしめた搭乗員が基地に集まってきて騒然となった。

そのうち第二十一突撃隊本部から「誤報」という電信が入った。通信員は疲労のあまり、折り重なるように倒れて眠った。

「まだ臨戦態勢だぞ、いつ出撃命令が出るか分からん。解除されただけだ、みんな起きるんだ！」

長田兵曹が叫んだが、誰も起きる者はいない。長田兵曹は一人で通信台へ向かってキイを叩いた。

八月十七日朝、野見基地の第四十九震洋隊に、手結基地の爆発事故の情報が入った。救援隊を出動させる話もあったが、臨戦態勢中ということで、神戸出身の浜田二曹が代表して見舞いに行くことになった。

震洋艇を格納壕から海岸に引き出し、エンジンテストをした。前日、出撃準備で航空燃料のガソリンと入れ替えて順調のはずだったが、エンジンの調子が悪い。

突然、エンジンの部分が黒煙を吐くと、赤い炎が上がり、震洋艇が火だるまになった。見送りにきていた搭乗員が、急いで浜田を操縦席から救い出した。

突然の火災事故の発生で、手結基地への見舞いは中止になった。

「考えてみれば最初に手結基地に派遣されたのは、うちの第四十九震洋隊だったわけだから人ごとではない。けれど震洋艇というのは事故が多くて、火災事故が一番怖かった」

と、清家善四郎は言った。

臨戦態勢にある以上、いつでも出撃の準備だけはしていなければならない。浜田二曹の一型艇が火災事故で、手結基地への見舞いが中止になった日の正午過ぎ、清家は第一艇隊十二名を引率して、野見湾の入口の島の陰で、エンジンテストをしていた。浜田の火災事故があったばかりで、清家は出撃途中のトラブルを一番心配していた。太平洋上でエンジンが停止すると、まず自力で基地に帰還することは不可能だ。太平洋の荒波を想像すると、一型艇の安全度は無きに等しい。

数日前までのグラマンの空襲がぴったりと止んで、のどかな野見湾に戻っていた。

遠くでエンジンの音が響いて、五型艇が猛スピードで近付いてきた。

「何だあれは、整備員じゃないか……」

白い作業衣を着ているから、整備員だとすぐ分かる。清家は瞬間にただごとではないと思い、五型艇の到着を待った。

乗ってきた整備員の顔が、緊張してこわばっていた。

「おい、何事だ！」

「清家二曹、出撃命令です。すぐ基地へ帰って下さい」

それを聞いた途端に、作業していた搭乗員の手が止まってみんな振り返った。急いで操縦席についた。

「おい、待機命令じゃないのか？」

待機命令であればそれで四回目である。清家にとっては待機命令であろうと、出撃命令であろうと同じこと、いずれ死ぬ運命にある。出撃命令が出ては中止となり、そのたびに生き延びてきた。死ぬなら早いほうがいいと、死に急ぐ気持にもなる。

第一艇隊十二名は、湾内に激しいエンジンの音を立てながら一直線に基地へ帰還した。
二、三、四艇隊は、すでに出発線に並んでエンジンの調整にかかって、青白い煙が海上一面を包んでいた。
「今日は八月十七日だな、いよいよ出撃か。これで人生の区切りだな」

清家は呟きながら震洋艇から降り、部隊長に申告した。

清家たち第一艇隊が本部に着いてまもなく、出撃命令は解除になった。

「清家、あれは誤報だったぞ。命拾いしたのう」

部隊長は笑いながら言った。

第二十三突撃隊からの下令が部隊長にあっても、そのまま搭乗員に伝えられることはない。搭乗員としては、部隊長の命令どおりに動くしかなかった。

敗戦二日後の十七日には、中央の軍令部より停戦命令がすでに下令されていたはずで、なぜ第四十九震洋隊だけに出撃命令が出たのか、堀之内特攻長に重ねてお聞きしたいものである。

第六章——黒潮の夏

(1) 徹底抗戦

八月十五日の天皇の詔勅をめぐり、海軍の若手将校たちが、日本は敗れていない、偽りの放送だと言って戦争継続を叫んだ。海軍厚木航空隊事件が有名だが、高知航空隊でも若手将校が決起しようとした。呉海軍鎮守府内でも厚木航空隊の決起派に同調、司令の制止を無視して、一部の将校が出撃を計画したという噂もある。

八月十七日、第二十一突撃隊の副長吉野伊豆太郎少佐が、柏島基地の第百三十四震洋隊へやってきた。

『柏島讃歌補遺』（半谷達哉編）に、その時の状況が記されている。

「司令部のある少佐から全二一突撃隊の指揮官が柏島に集まるから、用意をしてくれ、との指示があった。砂浜の右隅にテントを張って待っていたら、十数名の各隊長とその少佐が来た。

少佐の話は激越な調子であった。

『終戦反対。志望者は武器を高知の北の剣山に隠しておき、米軍が上陸して何かの大事のある場合に抵抗出来るようにした。賛成する者は手を挙げよ！』と言って、皆に詰め寄ったが、誰一人として発言しなかったし、又、当然の事だったが、手を挙げる者はいなかった」

と記している。

吉野少佐は半谷隊長以下全搭乗員が決起の呼びかけに賛同すると期待していたようだが、全く反応がないことで怒り、魚雷艇に乗って去った。吉野少佐は、次に越基地の第百三十二震洋隊へと向かった。

彼は魚雷艇から降りないまま、軍刀を持って甲板に立った。

「おい。渡辺部隊長を呼んで、搭乗員総員集合を掛けるように伝えろ！」と、越基地格納壕の前にいた搭乗員に声を掛けた。それを聞いた部隊長は、第二十一突撃隊の副長が、何のためにきたのかと疑った。

都築庄司は格納壕の前で、数人の搭乗員と一緒に震洋艇の手入れをしていた。

「海軍は最後の一兵まで敵と戦うんだ。敵が上陸したら突撃して、残った兵は剣山に武器を持って籠城するんだ。徹底抗戦に全員参加せよ！」

と、吉野少佐は声を枯らして叫んだ。

そこへ渡辺部隊長と艇隊長が姿を現わした。

「それは少佐殿の個人の考えですか、それとも司令の命令ですか？」

渡辺部隊長が指揮する越基地の第132震洋隊の搭乗員

部隊長は海岸に立って十数メートル先の少佐に確かめた。少佐は言葉に詰まって、しどろもどろの回答をしたが、エンジンの音でよく聞こえなかった。

「司令の命令ならともかく、何の連絡も受けていませんので、今日のところはお引き取りください。是非というのなら、明日にでも私が本部にお伺いします」

部隊長はきっぱりと断わった。少佐は憮然とした表情をして帰って行った。

「もし海兵出身の部隊長であれば、どのように返事をしたであろうか。うちの部隊長は慶応大学出身の予備学生、時代の動きを敏感に受け止めていたのではなかろうか。吉野少佐の決起に同調しておれば、どういう結末になっていたか、今考えるとぞっとする」

と、都築は当時を回想するのだった。

八月十八日午後、須崎の第二十三突撃隊麾下の各震洋隊の搭乗員には、浦戸航空隊で解散式を行なうと連絡があった。

野見基地の第四十九震洋隊の池田部隊長以下五十名の搭

乗員は、海防艦で高知の浦戸航空隊へ向かった。

「ポツダム宣言の受諾によって、日本は無条件降伏した。帝国海軍の軍人として、節度ある行動を取るように」と簡単な挨拶があって、震洋隊の解散を告げた。訓示をしたのが誰であったか清家には記憶がないというが、スルメと日本酒で別れの乾盃となった。

会場には手結基地の第百二十八震洋隊からも数人がトラックで参加していた。

「私は生き残りの搭乗員を正視することができなかった。浦戸に姿を見せた者以外は、みんな死んでいると思うとね。戦争の悲惨さはこういうところにあるんだよ。戦って死ぬばかりが戦争じゃない。戦争が終わってから死んだんだからかわいそうなもんだ」

清家は生き残りの搭乗員と顔を合わせることなく野見基地へ帰ってきた。

清家たち第四十九震洋隊には、八月十七日に最後の出撃命令が出ている。もし出撃して敵艦船を発見しなかったら、どんな事態になっていたか分からない。

浦戸航空隊での解散式が終わった三日後、野見基地の第四十九震洋隊の除隊式があって、全員が故郷へ復員して行った。

四国出身者十七名が部隊長に呼ばれた。

「お前たち、一週間の休暇を与えるから、終わったら帰隊して残務整理を頼む。給与は今までと同じだ。出撃の心配もないし、ゆっくりやってくれ」

清家は父親の信五郎とは野見で一度だけ会ったことがある。まだ兵舎が未完成で民家に宿泊していた。そこへ突然父親が訪ねてきたのである。三重航空隊から川棚臨時魚雷艇訓練所に行く時に「面会謝絶」と書いたハガキを父親宛に出していた。どうして野見基地にいることが分かったのか、部隊長から呼ばれて本部へ行くと父親がきていた。部隊長の計らいで、二人は宿舎の一室で寝た。基地に繋留している震洋艇を見て、特殊な任務についているのではないかと思ったらしい。清家は隠し切れず、震洋隊という特攻隊であることを、そっと打ち明けた。

「俺はもう帰ろう」

それだけ言うと巡航船で帰って行った。それ以後、清家から連絡がないので、もうとっくに出撃したものと思ったらしい。

江川崎線（現予土線）で宇和島駅に着くと、駅前は焼野原になっていた。

「兵隊さん、兵隊さん、ちょっと……」

清家は驚いて振り返った。初老の男が提灯を持って駅前に立っていた。

「どちらへお帰りかな？」

清家が下灘の嵐まで帰ると言うと、「もしかして嵐の清家信五郎さんの……」と言った。

「えっ、父をご存知で、どうして駅に？」

清家は、父の信五郎を知っていると聞いて驚いた。

夜道を歩きながら話を聞くと、実家のすぐ近くの瀧口宇吉と名乗った。弟が復員すると連絡があって、宇和島駅に毎日迎えにきていると言った。

「あなたは生きていたんですか？　特攻隊で亡くなったと村では大変な話題になってね。生きていてそれはよかった」

と瀧口は言った。特攻隊員だったから戦死したと思われても当然であるが、どうしてそんな話になったのか瀧口にたずねた。

清家の兄の同級生だった浜口常一が、陸軍の四国防衛軍の第五十五軍の下士官で、香美郡夜須町に駐屯していた。八月十六日の手結基地の爆発事故を目撃して、その数日後、故郷へ復員してきた。清家が四国の震洋隊にいることを知って、父の信五郎を訪ねてきた。

「手結基地の震洋特攻隊が敵機動部隊に攻撃をかけて、爆発の火柱を何本も見ました。爆発の音が私の部隊まで響いてきましたから、全員戦死したという話ですよ」

と言った。手結基地の震洋隊と聞けば、息子の善四郎の隊と思い込むのは当然だった。そのことを聞いた両親は、善四郎は戦死したと思い、仏前に線香を上げて戦死公報を待った。村役場に問い合わせると、まだ戦死公報と遺骨は届いていないと答えた。

宇和島駅に夜の九時頃着いて、峠を越え嵐坂トンネルを通り、夜中の一時頃、わが家にたどり着いた。瀧口も家までついてきた。

「善四郎、ただ今帰りました」

玄関先で声をかけたが、寝静まっていて誰も出てこなかった。

「善四郎ですよ、父さん！」

大声で叫んだ。しばらくして家の中で起きる気配はしたが、玄関の扉は開かなかった。清家は勝手知った裏木戸に立って、もう一度声を張り上げた。

外の様子を窺《うかが》っているのか、いつまで待っても玄関の扉は開かなかった。

「清家さん、塩定の瀧口ですがのう。息子さんの善四郎さんが、復員して帰りましたよ。早う玄関を開けて顔を見せてください」

瀧口と言う声を聞くと、電灯をつけたのか家の中がぱっと明るくなった。玄関のガラス越しに信五郎の影が映り、鍵を外す音が聞こえた。

「お前、本当に帰ってきたのか？　生きて帰ってきたのか？　足はついているのか？」

玄関先に茫然と立って、清家の足もとを見ながら手を当てた。それでも信じられないように動かなかった。

真夜中の一時という時間帯、しかも長男の同級生から手結基地の爆発のことや、特攻隊で出撃して全員戦死したことを聞いている。だが、信五郎は戦争が終わってから出撃して死ぬわけがない、と確信にも似た気持は持っていた。しかし、戦後、数日経っても復員しないことに疑念を抱いていた。

いずれにしても善四郎の突然の帰宅を、亡霊だと疑うのはやむを得ない。

「本当に足があるんだろうな？」と、もう一度叫んで瀧口に同意を求めた。

「善四郎さんとは宇和島駅から一緒だったんや、足があるから歩いて帰ったんじゃないか。息子さんが帰ってきたんじゃ。ほんとによかった」瀧口は言った。

それでも信じられないのか、善四郎の足元をもう一度見つめた。

清家は「海軍二等飛行兵曹清家善四郎、ただ今帰りました！」と敬礼して、半長靴を勢いよく二、三回踏み鳴らした。家の中からどっと喜びの声が起こってみんな飛び出してきた。

瀧口は清家を送り届けると、笑いながら塩定の家に帰って行った。

清家の家では四人の息子を戦場へ送り、確実に死ぬことが約束された特攻隊員の善四郎が真っ先に復員したのである。野見基地の清家を探し当てた信五郎の執念と親の愛が、心の深いところで繋《つな》がっていたのであろうか。

敗戦と同時に占領軍が日本に進駐して報復すると言う噂が飛んで、都市部に住む女性たちが田舎へ疎開する騒ぎがあった。特に特攻隊員が真っ先に処刑されるということで、一時期、身を隠したりした。信五郎はどこからかそうした噂を聞いてくると心配した。残務整理があるので野見基地に戻ると言うと、別に反対はしなかった。

一週間後、清家は野見基地へ戻ることにした。

「戦場へ行くわけではないので、気持の上では楽だった。しかし、十七人のうち、一人だけは姿を見せなかった」

と清家は言うが、敗戦によって震洋隊を解隊した以上、野見基地へ戻る義務はなかった。その一人は今でも戦友会には出席しないという。

池田部隊長、吉本艇隊長以下十六名は、震洋艇、回天など各種兵器、備蓄物資を関係機関に引き渡す残務整理をした。

九月十日過ぎにやっと残務整理が終わると、すぐ隣にある第二十三突撃隊本部へ移り、震洋艇を進駐軍に引き渡す準備をした。

宇佐基地の第五十震洋隊は、八月二十六日、須崎の第二十三突撃隊本部で解隊式が終わると、本州、北海道方面に復員する搭乗員が先に出発した。

八坂藤雄たち九州方面の搭乗員は、海路復員することになり、遠洋漁業の大型漁船をチャーターした。料金の替りに震洋艇用のガソリンで支払うことになり、豊後水道経由で別府港まで送ってもらう契約をした。

基地隊員を入れて十数名いたが、事故死した戦友の白木の箱を胸に下げている者もいた。台風の影響で宇和島沖で漁船が故障したので、港で修理することになった。別府行きの連絡船に曳航してくれるように頼んだが拒否されたため、翌日、その連絡船に乗って別府に着いた。

(2)　竹中部隊長の復員

八月十八日、海岸での遺体の処理が一段落して、住民も日常の生活を取り戻した頃、浜口圭介の家を夜須町役場の兵事係と、森岡隆助警防団長が訪ねてきた。

「お前は軍の徴用船で瀬戸内海で軍物資を運んだことがあると聞いたが、大阪付近は詳しいだろう。一肌脱いでくれんか。頼むよ」

「大阪まで何用だ？」

「実は竹中部隊長が大阪まで復員なさるんだ。荷物がたくさんあって困っている。お前が焼玉エンジンの船を持っとると聞いてきたんだ。小舟じゃ紀伊水道はとても無理だろう、どうだ」

警防団長の森岡とは親しい間柄で断われないが、大阪までといえば簡単な航海ではない。室戸岬から紀伊水道にかけては難所といわれ、台風の季節が近付いて海が荒れる。

「それは無理な話だ。第一、ガソリンがないじゃないか」

浜口の父親は、その申し出を断わった。

森岡が「じゃどうだ。燃料のことなら海軍のガソリンならいくらでもある。これからの仕事もあるだろうから、ガソリンをいくらでもお礼に約束するから、頼む」と言った。

戦争末期になると燃料が不足して、漁業は休業に追い込まれていた。漁師は船ごと軍隊に徴用されて、浜口の父親は陸軍の暁部隊で門司から上海間の海上輸送に従事した。東支那海に米潜水艦が出没するようになると、小型船でも標的となり攻撃された。

戦後は生活の立て直しもあって、遠洋漁業でも始めようかと考えていた。ガソリンの燃料が十分あると、漁業再開の目途がつくと考え、大阪行きを承諾した。

手結基地の爆発事故の時は、手結港に繫留していたので被害を免れた。

手結基地百六十一名分の隊員の食糧は、長期戦を考えて一年分用意して、住吉駅近くの大型防空壕に保管していた。搭乗員のみ特攻食を与えるので、宿舎の磯見茶屋の一階倉庫に入れた。

搭乗員は充分な食糧が与えられ、アルコール類は主計兵に話しておけばいくらでも飲むことができた。

搭乗員、整備員、基地隊員の食糧物資は、除隊してもそのまま残った。国田豊二が、竹中部隊長の指示で食糧物資を管理していた。

住吉神社の秋祭の準備で、中村昌直たち氏子総代が、磯見茶屋の地下室に幟《のぼり》の柱を取りに行った。そこへ国田がやってきた。

「お前ら、そこで何しよるとか！　まさか軍物資を盗みにきたんじゃなかろうな」

と、疑いの目で見たという。

部隊長から物資を譲り受けて、国田はそれを資金に住吉部落で雑貨屋を開いたという噂があった。

浜口の父親が手結港から焼玉エンジンの漁船を回航してくると、残務整理で残っていた搭乗員が数人、車力に荷物を満載して本部前の坂を降りてきた。

鳥居の前には、米俵、酒、ビール、砂糖、缶詰、毛布などを下ろした。日頃は見たこともない物資を見て、驚いた部落の住民が続々と集まってきた。

部隊長が軍刀を下げてやってきたが、住民に挨拶もせず漁船に乗った。

111名もの死者を出した住吉海岸の爆発現場付近

住吉部落の住民は、爆発事故で家屋を破壊されたり、田畑も被害を受けている。迷惑をかけた部隊長に対して、決していい感情を持っていない。責任を取る、切腹すると叫びながら、住民に謝罪をしないことを怒っていた。目の前に山と積まれた軍物資を見て、住民が騒ぎ始めた。部隊長とはいえ、軍物資を私的に持ち帰ることは、住民にとっては許せない行為だった。

柏島基地の第百三十四震洋隊の半谷部隊長は、島民にお世話になったお礼にといって、軍の保管物資を全部差し出して、宿毛の第二十一突撃隊本部へ引き揚げている。

次の一台の車力が荷物を積んで鳥居の前まできた時、階級章を外しているが夏の軍服を着て、海軍の戦闘帽を被った男が漁船に近付いた。

「おい竹中中尉、ちょっと待て！　船から下りてこい」

部隊長は漁船から下りてくると、戦闘帽を見て前に立ちはだかる男が海軍の士官であることに気付いた。

部隊長に声を掛けたのは、住吉部落出身の浜口勝だった。浜口は安芸中学から高等商船へ進学し、予備学生として海軍に入隊した。敗戦の日にはたまたま呉にいて、除隊になって高知に復員した。

故郷に帰った浜口は、戦後になって出撃準備をさせ、手結基地の爆発事故を起こした同じ予備学生出身の竹中部隊長を厳しく批判していた。正義感の強い浜口は、部隊長の行動を許せなかった。

「俺も予備学生出身だが、君もそうらしいな」と、浜口は詰め寄った。

竹中部隊長が京都大学出身だということを、部落の住民からも聞いて知っていた。背の高い部隊長が、上から浜口を突き放そうとした。その手をかわすと、部隊長の胸ぐらを摑んだ。

「聞け！　貴様は何たる奴だ。戦争が終わったというのに、多くの部下を殺し、地元の住民にどれだけ迷惑をかけたと思うか。もし住民に一人でも死傷者を出していたら、貴様は生きては帰れんぞ。地元民に迷惑をかけているので、そのお詫びにこの軍物資を与えるなら話が分かるが、家に持って帰ろうとする根性が許されん。それが許されんのだ、分かったか！」

浜口の激しい抗議の前に、部隊長はたじたじとなった。それを見た搭乗員が浜口を部隊長から引き離した。今度は住民と搭乗員が激しく対立して、乱闘寸前に発展した。

住民の抗議で部隊長は乗船を諦《あきら》めた。翌朝、列車で復員した。軍物資は浜口の父親によって大阪に運ばれたが、数週間後、部隊長が再びトラックに乗って現われ、軍物資を搬出している現場を住民が見ている。

部隊長の軍物資搬出事件は、住吉部落で大問題になった。「こういう将校がいたから、日本は戦争に敗けたんだ」と、後々まで笑い者になった。

軍規律が守られている間はまだしも、権力が崩壊した途端に、反動として一層ひどくなる。手結基地の部隊長の行為は、隣接する陸戦隊に伝染病のように広がった。

陸戦隊の手結山分隊の塩田一亀分隊士は、高知県春野の出身だった。

当時、分隊士は中山家を宿舎にしていた。手結基地の爆発事故の時、陸戦隊員の西谷光明が行方不明となり、翌日になっても姿を見せず、爆死したと認定された。

八月の終わり頃、赤い消防車が一台、中山家の前で止まった。陸戦隊の食糧倉庫にしている防空壕から、米俵と缶詰類が車力で運ばれ、消防車に積み込まれた。

その日の朝、陸戦隊の大島安雄たちに、どういうわけか缶詰が配られたことを思い出した。考えてみると口止めに渡されたようで、大島はにがにがしく積み込む様子を眺めていた。

塩田分隊士は、「戦争が終わったので、軍物資を浦戸航空隊に移動させる」と説明した。何か理由をつけないと隊員が騒ぎ出すので、浦戸航空隊と言ったが、嘘は見え見えだった。軍物資の持ち出しに消防車を使うとは、見事な演出だと大島は感心して見ていた。

「お前たち、どこの警防団や？」と大島がたずねた。

「生野です」と、背中に赤く生野と書いた警防団の黒いハッピ姿の男が答えた。塩田分隊士が、日頃から高知の生野出身と言っていたことを思い出した。

そこへ塩田分隊士が姿を見せて、照れ笑いをしながら、「戦争が終わって手結山の陸戦隊には必要ないから、食糧を浦戸航空隊に返納するんや。お前たちにも後で分けてやるからな」と言った。

よほど都合が悪かったのか、防空壕に残った軍物資は、復員の時に配ると約束した。

これまで塩田分隊士には、隊員はずいぶん殴られている。西谷の事故死もうやむやにして、今度は軍物資を消防車で運ぼうとしている。大島は上官の汚い面ばかりを見てきた。隊員たちが怒って殴ろうとしたが、部落の住民の目の前で上官に制裁を加えるわけにはいかない。

まった。

震洋隊の部隊長、そして陸戦隊の分隊士の行動は住吉部落の住民には悪い印象を残してし

(3)　無言の帰還

手結基地の百二十八震洋隊員は、半数以上が死亡したことで、毎日が葬式のような暗い日が続いた。基地隊員と整備員は、悲しい思い出の地から急いで復員して行った。二十数名の生き残りの搭乗員は、残務整理の名目で残った。搭乗員の誰かが退避先から帰ってくるのではないかと待った。気持の整理がつかないのか、本部と宿舎の磯見茶屋の間を往復して日を過ごした。

弔問客が毎日のように続いて、神保公一はその応待に追われた。搭乗員と交際していたと思われる女性が、安否をたずねてくることもあった。僅か二ヶ月の短い間に、結構ロマンスの花が咲いたものだ、と神保は若者の生命力に感嘆した。その相手の搭乗員が死亡したと伝えると、泣き崩れて動かなかった。どういう死に方をしたのかと聞かれると、説明のしようがなかったという。

敗戦前、すなわち戦時中であれば、海軍省の査問委員会に関係者が召喚されて、事故原因が究明されたであろう。

七月二十六日、江奈基地の第五十六震洋隊で艇の一隻に火災事故が発生すると、二日後には海軍中将主催の査問委員会が開かれている。

手結基地のような震洋艇二十三隻、犠牲者百十一名という大事故になると、海軍省の査問委員会の調査が行なわれるはずである。ところが、上部組織の第二十三突撃隊と第八特攻戦隊から事故調査にきたのを神保は見たことがないというのである。

もし査問委員会なり事故調査委員会が現地入りしていれば、防衛研究所に史料が残っているはずだが、柏島基地の第百三十四震洋隊の爆発事故についての報告書もない。敗戦のどさくさにまぎれて、爆発事故の調査を放棄したとしか思えない。第五航空艦隊の宇垣司令長官が生きていたとしたら、どういう処置を取ったであろうか。

爆発事故の査問委員会が開かれなかったとすれば、第百二十八震洋隊の田中昭八が、第二十三突撃隊に行って報告したことが最後となる。指導部の恐るべき職務怠慢で、百十一名の犠牲者は永久に浮かばれないであろう。

神保によると、重傷者は高知市内の日赤病院にトラックで運んだが、後で二名が死亡したと言っている。ところが爆発事故直前に転属した隊員がいたので、最後まで殉職者の最終確認ができなかったという。

田中は長野県木曽谷の出身、土浦、三重航空隊の予科練時代からの同期、北原吉男の遺骨を預かっていた。高遠出身の北原とは、長野から同じ列車で土浦航空隊乙種予科練に入隊した仲である。上京する列車の中で北原が、高遠の桜の美しさを自慢していたことを思い出した。北原の実家に遺骨を持って行った時に、爆発事故のことをどのように説明したらいいのか途方に暮れていた。

遺骨となってしまえば、故郷の桜を見ることはできないが、早く高遠の実家に届けなければならない。ばらばらになった遺体を集めて荼毘にして分けたので、本人の遺骨かどうかは分からない。遺骨のいきさつは分からなくても、遺族は待つものだ。

田中は手結を出発する前に父親宛に手紙を書いて、爆発事故のことを詳しく説明して、月末までには遺骨を持って帰ると伝えた。

父親はさっそく高遠の役場を訪ね、息子の昭八から手紙がきて、近いうちに北原吉男の遺骨を届けると報告した。

当時、長野県の高遠の盂蘭盆《うらぼん》行事は、九月一日から三日間だった。その三日間は田中の家で預かり、僧侶に頼んでお経を上げてから高遠にお持ちしますと、父親が勝手に北原の遺族と話を進めたという。

九月三日、田中が北原の遺骨を胸に抱いて飯田線の伊那町駅で降りると、大勢の町民が出迎えた。町長はじめ、小学生までの列が北原家まで延々と続いた。

戦争が終わった翌朝の死だけに、遺族にどう説明するか、田中は歩きながら途方に暮れた。

「どう説明したらいいのか、こんな困ったことはなかった。今なら感情抜きで話せるが、その時は胸が詰まって言葉も出ない。まだ十八歳だし、親の顔がまともには見ることができなかった。わが人生で、これほど辛いことはなかったよ」

と、当時を振り返る。

一方、北海道出身の河西禄朗は、爆発事故で亡くなった夕張市出身の搭乗員の遺骨を届けることになった。

青森から青函連絡船に乗船すると、河西が首からかけている遺骨のことを船長から聞かれた。船長はさっそく船内放送で、十七歳の海軍の特攻隊員の遺骨が安置されていると紹介した。

「十七歳の特攻隊とか初めて聞いた。若いのに可哀そうに」と、函館に着くまで乗客のお参りが続いた。

河西は空知の実家まで帰ると、夕張市の兵事係に手紙を出した。河西は空知の家を出ると二時間かけて遺骨を届けた。

遺族と親戚が大勢集まっていた。

「なぜうちの息子が、戦争が終わった翌日に死んだのか教えて欲しい」

部隊長であれば責任者として答えなければならないが、河西自身にその責任はない。すべて軍の命令であったと答えても、遺族には組織上のことはいくら説明しても分からないのだった。

「息子が死んで、あなただけどうして助かったのか？」

母親の言葉は河西の胸をえぐった。遺骨を北海道まで持参したのは、予科練時代から搭乗員の仲間として一緒に死ぬ決意で訓練したこともあって、命令されて夕張まできたわけではない。しかし、遺族からすれば当然そう考えるだろうと自分を納得させた。

「私はあなたが言う爆発事故の真相が知りたいのです……」と、母親はもう一度言った。

河西はもう言葉を失ってうなだれた。彼が事故死したのは河西のせいではないが、自分の責任のように感じるのだった。

親族の人たちは敗戦の翌日に、なぜ出撃命令が出たのか、と鋭く突いてきた。

母親は、「息子は苦しんで死んだのでしょうか？」と、河西にくどいほどたずねた。

「出撃準備中に震洋艇に火災が発生して爆発しました。私は少し離れた場所にいましたから、現場は見ていません」と、苦しい答弁をした。

それでも遺族は、戦後の事故ということにこだわった。

河西は立場が違って自分が事故死していたら、両親は全く同じ質問をしたに違いないと思った。

戦後、名古屋成夫は須崎の第二十三突撃隊本部で、八月二十六日に正式な解隊式があると連絡を受けた。手結基地から約十名の搭乗員が、トラックで須崎へ向かった。解隊式が終わり、市内の旅館にいると、主計が給料と退職金を持ってきた。千二百円支給されたので驚いてたずねると、退職金プラス見舞金だと言われた。

毎年八月十六日になると、名古屋は欠かさずに手結基地跡の慰霊祭に参列する。昨年は東京から家族全員で、息子の運転する車で高知までやってきた。

復員してからも搭乗員の遺族を訪ね、墓前にお参りするのが名古屋の終生の仕事となった。東京都内の目黒の戦友の三十三回忌には、関東在住の搭乗員四人が一緒だった。

お墓で線香を上げて手を合わせていたところ、年老いた母親が「変なことをたずねて恐縮ですが……」と切り出した。

そして、「うちの息子は女を知っていたでしょうか？　女も知らずに死んだのなら不憫《ふびん》で……」

思いがけない母親の言葉に、名古屋ははじかれたように立ち上がって、三人の戦友たちと顔を見合わせた。川棚臨時魚雷艇訓練所と呉潜水艦基地で、休暇の日には半舷上陸を利用して遊びに行ったことがある。個人差はあるが「筆降《ふでお》ろし」と言って、初めて女性を経験した者もいた。

母親とは、そこまで息子のことを深く考えるものなのか、深い愛情に四人は返す言葉もなかったという。名古屋は女を知っていましたとはいえず、答えようがなかったと苦笑する。

基地隊員の一人は、補充兵として敗戦直前に軍隊に応召され、浦戸航空隊に入隊した。手結の震洋隊基地に配属されて、格納壕掘りの作業中に十五日の敗戦を迎えた。手戦争が終わった喜びと、すぐ家族のもとに帰れることをしたためて女房宛の手紙をポストに投函した。

手紙を受け取った女房は、子どもと一緒に毎日夫の帰りを待った。ところが夫は、何日待ってもわが家には帰ってこなかった。一ヶ月後、役場から舞い込んできたのは夫の戦死公報だった。

夫からの手紙は偽物だったのか、よく確かめると筆跡も同じ、さらに郵便局の消印は八月十五日となっていた。手紙が家に届いたのは八月十八日、女房は腰が抜けるほど驚いた。

そのうち遺骨が届いた。白木の箱を開いて中を見ると、間違いなく遺骨が入っているではないか。

「十五日に手紙を投函しているのに、どうして翌日の戦死なのか。戦争が終わった後の戦死とは、どういうことか説明して欲しい。夫は生きているに違いない、戦死公報はでたらめだ！」

女房は町役場に夫からの手紙を持って行き抗議した。

「政府からの戦死公報だから間違いは絶対にありません。しかし、もう一度確認してみます」

壺の中には、遺骨が一杯詰まっていたという。妻としては戦死公報よりも、夫からの手紙のほうを信じるものだ。世の中にはこんな理不尽なことがあろうか、夫の手紙を抱き締めて帰りを待った。

それから一ヶ月、女房は悶々とした日を送っていたが、どうしても夫の死が信じられなかった。真実を確かめるために、夜須町の手結基地に子どもを背負ってやってきた。

残務整理で残っていた搭乗員の高橋堅太郎の案内で、女房は爆発現場を歩いた。住吉神社の鳥居前から海岸のえぐり取られた惨状を見て声もなかったという。

「あんな遺骨なんかいらない。父さんを返しておくれ！」

女房は高橋に激しく詰め寄った。

「竹中部隊長に会わせてください。責任を取って死んでもらいます」

女房の叫ぶような声は高橋の心を打った。慰める言葉もなく、高橋は海岸に立ちつくして、石ころを拾う子どもの姿を追った。太平洋の黒潮だけが、大きなうねりとなって磯を洗っていた。

(4) この子の父親は

二〇〇七年八月十六日の午後だった。土佐の夏はうだるように暑く、体中の水分が一気に蒸発してしまいそうであった。六十数年前に爆発事故があった日も、おそらく同じような状況で、隊員たちは出撃準備に追われていたであろう。

慰霊祭が始まる午後三時、海軍のトレードマークである白い戦闘帽姿の老人たちの姿が目立った。老顔に戦闘帽とは極めて不釣合いであるが、軍艦旗の掲揚となると若者のように目を輝かせる。何だか六十数年前にタイムスリップして、別世界に踏み込んだ感じさえ受ける。

第百二十八震洋隊の生存者と遺族の参加者は少なくなったというが、常連の名古屋成夫がテントの中の椅子に腰を降ろしていた。

そこへ愛知県豊川市から、数年振りの参列という田中昭八がやってきた。名古屋とは上京した時に何回か会っているが、田中とは初対面であった。

田中は爆発事故の翌朝、部隊長の命令で須崎の第二十三突撃隊本部へ事故報告に行ったと語った。

私は日を改めて、自宅のある豊川市でお会いしたいとお願いした。

柏島基地の第百三十四震洋隊の小野一と青森で会い、東京の防衛省防衛研究所に行った帰りに豊川市で田中と会った。

「四十数年前のことだが、八月十六日の慰霊祭の時だった。隣の座席の婦人から声をかけられてね」と言った。

田中が第百二十八震洋隊の搭乗員とは知らないはずなのに、三人連れのうち一人の婦人が、何度も話しかけようとしては遠慮して止めた。何か事情がありそうだが、田中からは話しかけなかった。

慰霊祭が終わると、参列者はみんな席を立った。

「失礼なことをお聞きして、まことに申し訳ありません。手結基地の震洋隊の搭乗員の方でしょうか?」

「え丶、ここの手結基地にいましたが……」

「実は折り入ってお願いがございます」

他の二人の婦人も席を立って、田中に深々と頭を下げた。

何か深い事情がありそうなので、その場で話すことは憚《はばか》られた。元搭乗員と何人かの遺族が周囲にいたからだ。

「ここでは話し難いので、後でホテルにお出で願えませんでしょうか」と、田中は言った。

山の上ホテルからは、眼下に太平洋が広がり、住吉神社の小高い山と鳥居が見えた。ロビーには外国人の観光客の姿もあり、黒ずくめの喪服姿の三人連れの婦人は際立った。後の二人は姉妹だと田中に紹介した。

婦人は一人の搭乗員の名前を言って、現在の消息を知らないかと田中にたずねた。

「そうですね、二十数人生き残りがいましたが、戦後のどさくさで生きるのが精一杯、全国に散って、戦友会もやることはありません。たまに慰霊祭にお参りにきた時に会う程度でね。で、立ち入ったことをおたずねしますが、あなたとその搭乗員はどういうご関係ですか?」

田中は率直にたずねた。

「あの方が震洋隊の手結基地におられる時に高知市内で知り合いましたの。毎年、慰霊祭になると娘を連れてやってきます。もしかしてその方に会えるのじゃないかと思いまして。でも、今年も残念でした。娘は今日は用事があってこれませんでしたが、私はどうしても諦《あきら》め切れないのです」

話の内容から田中は大体の事情を察したが、うかつな返答はできないと思った。手結基地の搭乗員の休日の行動は比較的自由で、私生活については本部はあまり干渉しなかった。

特攻隊員ということもあって、朝の点呼に姿を見せておれば部隊長は黙認していた。休日には半舷上陸があって、田中自身も安芸町からきていた勤労奉仕隊の娘と懇意になって遊びに行ったことがある。

婦人が打ち明けた話によると、手結基地の搭乗員とは高知市内で知り合い、休日のたびに手結基地から訪ねてきたり、彼女が手結まできてデートしたという。特攻隊員だと知って二人の仲はいっそう進展して、生理がないのに気付いたが、まさか妊娠したとは思わなかったというのだ。

八月二十八日に除隊して帰郷することになり、彼女は高知駅まで見送りに行った。

「いったん故郷に帰って両親と会い、必ず迎えにくるから待っているように……」

彼のその言葉を信じて待ち続けた。妊娠したことは確実で日に日にお腹は大きくなり娘を生んだ。彼を待ったがその後音信不通、市役所には私生児として届けた。

本人が慰霊祭に参加していなくても、搭乗員に会えば消息が分かると思い、かすかな希望をもって毎年娘と一緒に参列したというのだ。

「さあ、生きているのかなあ、死んでいるかも知れんなあ……」

田中は無責任なことしか言えなかった。

その婦人が言っていることに、田中は一つ引っかかることがあった。それは彼女が妊娠するほどの深い交際をして、高知駅まで見送った時に、なぜ、彼の住所を聞いておかなかったかということだった。その点をたずねると、すぐ迎えにくると彼が言った言葉を信じて、何年も待ち続けたというのだった。

「爆発事故で亡くなったのなら諦めもつきますが、彼が生きているとしたら娘には父親と会わせてやりたい……」

そう言って彼女は涙ぐんだ。連れの二人もわっと泣き崩れた。それを見ると、田中の性格としては見過ごすことはできなかった。

「いいでしょう。結婚を控えた娘さんも、父親に会いたいでしょう。だが亡くなっていたら諦めてください」

田中はその婦人に彼を探すことを約束して別れた。ホテルの部屋に帰ってくると、昔の半舷上陸のことが思い出された。土浦で第十九期の同期生会があった時に顔を見た気がするが、はっきりとは思い出せなかった。

今さら彼と会って、高知の親子のことを話すべきか田中は迷った。一方、娘の結婚が近付いて父親を探していると聞けば、会わせてやりたいと田中は悩んだ。慰霊祭に参列したばかりに、重い荷物を背負い込んでしまった。

いつまで悩んでいても解決しない、婦人は田中からの返事を待っているに違いない。思い切ってその戦友を探し出して会った。

高知市の親子の話をすると、「うおーっ、そうだったのか、俺の娘が……」といって両手で頭を抱え込んで絶句した。

高知の娘が妊娠していることを知らず、戦後、生活に追われて約束を果たせなかったと悲痛な顔をした。

「苦労しただろうなあ、すまないことをしてしまった。どう償《つぐな》いをしたらいいのか、俺にはいい考えがない」

はっきり言って、彼は逃げ腰であることが分かった。誠意があれば、婦人に会ってこれまでの生活や娘のことを、もっと詳しく聞いてもいいではないかと、田中は腹立たしくなった。

「おい、お前の力で何とかならんか。俺の家族は何も知らんし、今さら知ったら大変なことになる」

彼は無責任なことを言った。

慰霊祭で会った婦人に父親探しを依頼された田中昭八(右)

「馬鹿野郎！　その時にお前が迎えに行かんやったからだ。ちゃんとして男の責任を取らんやったから、こういう結末になる。頼まれた以上、ちゃんと結果を報告せないかんが、どうだお前、親子に会って謝る勇気があるのか？」

田中はその隊員を責めても、答えは出ないことを知った。もし婦人が妊娠していることが分かっていたら、高知まで迎えに行ったかも知れない。彼が復員先の住所を渡しておけば、住んでいる場所は探す方法もあった。

いろいろ事情はあったであろうが、結果的には親子を見捨てたことになった。

婦人に電話や手紙で返事をしてもよかったが、田中は約束を果たすために高知へ向かった。彼女に会って戦後の事情を、かいつまんで婦人に話した。

「戦争が終わって復員する時に、迎えにくるとはっきり言ったわけですからね。手紙一つでも出せない訳はないでしょう、人間の誠意の問題ですよ。しかし、娘に会って話してくれないと納得しませんよ。あの人の娘なんですから、会う責任があります。私の人生はもう先が知れています。娘の将来を見守って行きます。すべてを諦めます」

その婦人はきっぱりと言った。

特攻隊員という限られた命を前に、生きた証《あか》しを求める十七歳の青年と、若い乙女の愛は悲劇に終わった。

特攻隊員として散った若き青年たちは、女の愛を知らないままこの世を去った。身を切られるような別れに泣いた乙女たちのことは、時とともに忘れられていった。真相をその婦人に告げられなかった田中の気持は理解できるが、彼自身、重い十字架を背負ってしまった。

(5) 浜木綿《はまゆう》の咲く頃

手結基地で亡くなった兵士たちの魂を呼ぶかのように、夜須の盆踊りの季節になると、住吉の海岸一帯には、白い浜木綿の花が咲き乱れる。

手結基地の爆発事故以来、住吉の住民の手によって慰霊祭が行なわれているが、日本政府はまるで人ごとのように無視してきた。住民たちは、悲惨な爆発を目撃して、数日にわたって亡くなった兵士たちの骨拾いをしている。六十年を過ぎてもまだ、親しかった若き搭乗員の面影が心に焼きついている。夏がくれば一層搭乗員の顔を思い出して、鎮魂の弔いを続けているのである。

住吉の住民は遺族が爆発現場にきて、夫やわが子をしのんで泣き崩れる姿を見てきた。まるで自分が罪を犯したような気持になって同情した。戦後の爆発事故による無念の死の口惜しさを遺族たちは訴え続けた。

住民は事故直後の現場に、一人ひとりの名前を印した卒塔婆《そとば》を建て始めた。百十一名の亡霊が、砂浜に立っているような、不気味な姿は哀れをとどめた。

一九五六年、地元夜須町の有志によって、住吉神社参道前に「震洋隊殉国慰霊塔」が建立され、毎年八月十六日には地元住民と香南市によって定例の合同慰霊祭が行なわれるようになった。

慰霊塔の裏面には「震洋隊殉職慰霊塔の由来」の説明文がある。

> 呉鎮守府第二十三嵐部隊第九震洋隊は本部を須崎に置き　竹中清作大尉の率いる百六十名の隊員は　本土決戦を期して当住吉に駐屯　昭和二十年八月十六日午後六時作業中火薬爆発一瞬にして散華す　茲に殉国者百十一勇士の名を録して永に弔はん
>
> 昭和三十一年八月十六日

震洋隊殉職慰霊塔の由来を読みながら、私は気になる表現が数ヵ所あるのに気付いた。歴史というものは、誤った記述があると、それが真実として後世まで伝わることがある。

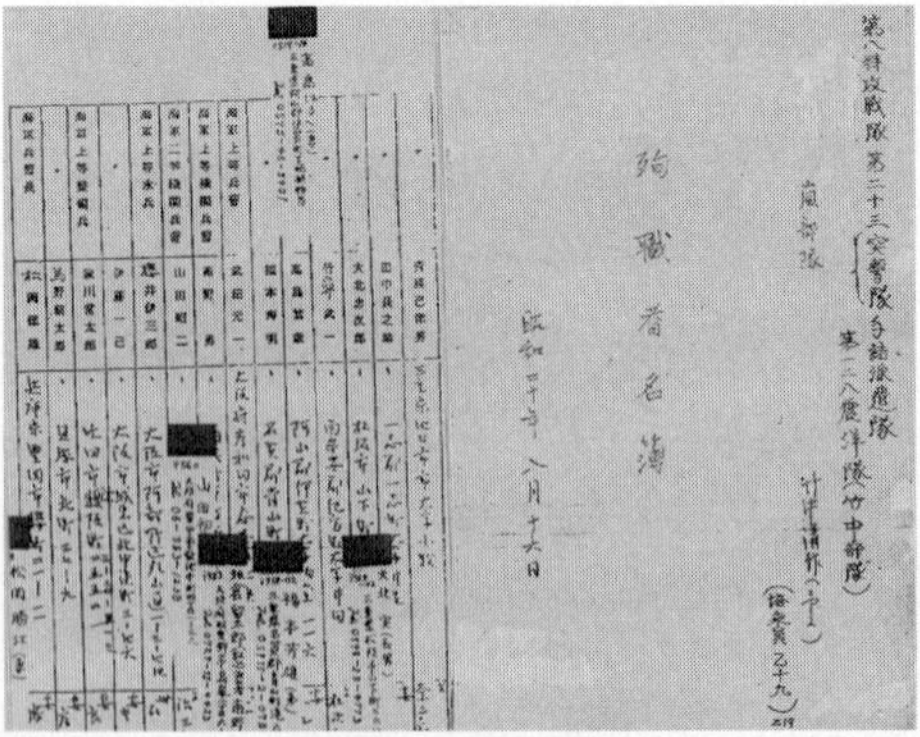

第128震洋隊員の殉職者名簿

私はそれを最も恐れる者の一人である。『須崎史談』の「須崎の第二十三突撃隊㈤」で、橋田庫欣が具体的に指摘しているので参考にされたい。

「呉鎮守府第二十三嵐部隊」は、正確には「呉鎮守府所属第八特攻戦隊第二十三突撃隊」が正式の名称である。

第二十三突撃隊は、呉鎮守府直属ではなく、宿毛の第八特攻戦隊に属していたのである。

「震洋隊は本部を須崎に置き」とあるが、「第百二十八震洋隊が属していた第二十三突撃隊は、その本部（もしくは司令部）を須崎に置き」ではなかろうか。

震洋隊の本部が須崎にあったわけではない。第百二十八震洋隊の本部は、手結の住吉にあったのである。

次に「竹中大尉」とあるが、竹澤嘉七宛の戦死公報には、「竹中中尉」となっている。

次に大きな間違いは、「第九震洋隊」ではなく、手結基地に派遣された震洋隊は、「第百二十八震洋隊」である。

第九震洋隊（中島健児部隊長）は、一九四四年十月八日、浅間丸に乗船して門司港を出港すると、比島のマニラ港外に浮かぶコレヒドール島へ向かっている。

『夜須町史』にも、「嵐部隊から四国地方に配備された第九次震洋隊は……」と述べているが、第九次とは、川棚臨時魚雷艇訓練所での第九次編成を指す。第九震洋隊と誤解されやすい。正式には「手結基地派遣の第百二十八震洋隊」である。

一号艇の火災発生時刻から次の第一回の大爆発との間に時間的なズレがある。「午後六時」とするのが正しいかどうか疑問である。

正確な時間を計ったわけではなく、突然の大爆発で時計を見る余裕は全くなかったのではなかろうか。

飛行服姿の〝青春〟ブロンズ像

一九八一年八月十六日は、手結基地の爆発事故から、三十六年目である。

慰霊塔の左側に飛行服姿の〝青春〟と刻まれたブロンズ像が完成して、その除幕式が行なわれた。

〝青春〟のブロンズ像は、同期の搭乗員と有志によって浄財が集められた。

初めてブロンズ像を目にした市民は、海軍の水上特攻震洋隊なのに飛行服を着ている姿を、いぶかしげに眺めた。そして震洋艇の〝搭乗員〟と呼ばれることに違和感を持った。

それには理由があった。

もともと彼らは飛行士になるために予科練に入隊している。戦況の悪化で飛行機の生産はストップし、ガソリンが底をついて、予科練を卒業しても憧れの操縦士になれなかった。新兵器の特攻震洋艇が開発され、その操縦士として大量の予科練生を投入することになった。予科練生の不満をそらすために搭乗員と呼び、飛行服を着せたのだ。飛行士の夢は破れたが、震洋特攻隊の搭乗員と呼ばれることで、かろうじて誇りを保った。

そして特攻隊員として、米軍上陸に備えた。

不幸にも手結基地の爆発事故が発生して、百十一名の尊い命が失われた。生き残った搭乗員も、まかり間違えば同じ運命であった。

〝青春〟のブロンズ像が完成した三十六年目の夏、搭乗員の一人であった木下福太郎は、霊前で祭詞を捧げた。その祭詞は参列者の胸を打った。

「祭詞
本日ここに、敗戦の翌十六日、特攻に出撃しようとして、目的も果さず悲しくも散華された第百二十八震洋特別攻撃隊、故海軍一等飛行兵曹野見敏夫、富田長次郎、西埜敏雄、御園生照寛、三堀裕治、中野敏男、米山義男、芳野治平、神馬幸作、石橋博、北原吉男、尾形三郎、石川笑一、伊吹勇、細野芳美、大久保英作、道上隆信、西山二十二、背戸正士、藤沢武雄、竹澤嘉盛、上田祗男、吉田栄助君らの三十七回忌を挙行するにあたり、第十九期海軍乙種飛行予科練習生出身の有志一同を代表し、君らの英霊につつしんで申し上げます。

思えば君らは日本本土決戦に備えて、昭和二十年五月、ここ高知県香美郡夜須町住吉を基地とする、震洋特別攻撃隊竹中部隊に配属され、特攻兵器震洋搭乗員として、敵艦に体当りする猛訓練に日夜励んでいたのであります。

しかしながら、戦局我に利あらず、遂に一度の出撃もなく、昭和二十年八月十五日敗戦の日を迎えたのであります。わずか十七歳前後の少年が、国のために個を捨てることは、悠久の大義に殉ずると教えられ、かつ信じきっていた身にとって、この屈辱は堪えることのできないものでありました。

翌十六日、午後、炎暑の中で全員が虚脱状態にあったときであります。

突然、須崎市にあった司令部から部隊に対し、『土佐沖を米機動部隊が北上中、これを直ちに撃滅せよ』の命令が下ったのであります。

幼かった我々にとり、この命令は死を意味することであることより、全世界を敵として戦う小國の意地と死線を越えた男の勝負であったのであります。

振り返れば三年前の昭和十七年十二月、わずか十五歳の少年が、あこがれの飛行機乗りとしての一歩を土浦海軍航空隊に印して以来、空の勇士としていかに死ねるかの苦しい訓練に歯をくいしばりながら堪えてきたのであります。

物量戦のために乗る飛行機もなくなって、空への夢も絶ち切られ、海の特攻隊員となろうとも、毎日毎日死ぬことだけを考えていた我々であります。

又、それを当然のこととした時代に生きてきた身にとって、敗戦の詔勅が下ったとはいえ『もう死ななくてもいい、帰って屈辱の中で生きよ』といわれても、こうした異様な生き方に順応してしまった心は、おいそれと平和な心など持つことはできなかったのであります。

基地隊員約百六十名のうち、特攻隊員は隊長以下四十八名に過ぎず、大半は家族持ちの年老いた召集兵であったことを考えると、我々のこの暴走は、彼らにとっては迷惑以外のなにものでもなかったのではないでしょうか。

だが『海軍は最後まで降伏しないぞ』『高知だけでもやるんだ』といった。

今にして思えば、奇妙な興奮が、いつのまにか群集心理となって、基地を支配しておりました。

この中で運命の午後七時、悲劇が起こったのであります。

三百キロの黄色火薬に信管を装着したこの体当り兵器二十四隻が浜辺に並び、一斉に出撃しようとした時であります。

原因不明の火災が一隻から起り、これの消火作業中、火災で過熱した信管が作動したのが、突如として爆発を起こしたのであります。

火柱は十メートルから二十メートルにも及び、これが他の艇に誘爆し、空高く吹き飛ぶガソリンの嵐の炎が一瞬にして基地をおおい、次々と爆発をくり返したのであります。

一夜明け、天を仰げば紺碧の空益々青く澄みわたり、海を望めば青松が連なる小砂利の浜に白波がくだけ去って行くげに、風光明媚ないつもと変らぬ景色でありましたが、一転地上に目を向けるとき、地獄の如き惨状は半径五百メートルにも及び、到底《とうてい》筆舌ではあらわすことの出来ないものであったのであります。

嗚呼《ああ》、この惨事、戦後三十六年の星霜を経て今にして思えば、これに過ぎる悲劇はないと思えるのであります。

戦争が終りながら、愛の何たるかも知らず、生きることの喜びも知らないで、若くして散った二十三人の同期。

年老いた親に先立ち、妻や最愛のおさな子を残して、久方の平和のおとずれた日に、無残な死を遂げた八十四名の基地隊員の御霊よ、あなた方の魂はいま何を思っているでしょうか。戦中戦後の荒廃と混乱の中で、明日の糧《かて》さえ得ることの困難な日々を送った思い出は、すでに忘却の彼方に消え、今あなたが身を挺して守った日本は、世界に冠たる経済大国となり、戦争を知らない人達で支えられる国となったのであります。

ご迷惑をかけたこの土地に、町民有志が浄財を集められて戦後に建立された慰霊碑の傍で、何も知らずに嬉々として無心に遊ぶ幼な子の姿を見るとき、あなた方の死が無駄でなかったと私は思うのであります。

生き残った我々も、戦後三十六年生きることに追われ続け、今ようやくにして虚心にかえり、かつての暗黒の時代を振り返ることができるようになりました。

そして、戦争を知らない若者が『若い血潮の予科練の、七つボタンは櫻に錨』とかつての我々が苦しさを越えようとして歌った若鷲の歌を、今は何の抵抗もなく酒席で歌うのを見るにつけ『特攻』『予科練』の持つ意味を、後世に残したいと考えたのであります。

今ここに、同期有志の浄財を募り、君らのありし青春の姿を再現した殉国記念像を建立しました。

生と死は別れて共に死のうと誓った同期の桜であります。『散る桜、残る桜も散る桜』この言葉は今でも忘れることはできません。

かつて、全世界を震撼させた我々の時代も終りに近づきつつあります。願わくば在天の英霊が日本の輝かしい未来を信じて、平和な日本、美しい山河の故国において、安らかに眠られることを祈って、言葉はつくせませんが弔辞といたします。

震洋住吉基地隊員

殉国記念像建立委員会

会長　木下福太郎」

あとがき

四国の海軍特攻隊の震洋隊に私が興味を持ったのは、手結基地の第百二十八震洋隊員だったという、埼玉県川口市在住の三浦清重牧師からの手紙だった。

眼の重度障害で失明に近いらしく、大きくなぐり書きしたマジックの字は読み取れないほどで、電話によってようやく内容を知ることができた。

車椅子牧師と言われているように、爆発事故の後遺症がひどく、戦後は入退院を繰り返し、現在も苦しい闘病生活を続けている。爆発の瞬間に空中高く吹き飛ばされ、三十メートルの杉の木が下に見えたというから、地面に叩きつけられた衝撃は、相当ひどいものであったと思う。

約二ヵ月間意識不明で、ようやく意識が戻って浦戸航空隊に運ばれた。病院から追い出されると、駅で知り合った広島県出身の兵に助けられて島根県へ復員している。浜田市の陸軍病院に入院治療中に、女性のキリスト教信者と出会ったことで入信し、東京の神学校に学んで牧師になった。

事故の衝撃で頭部と腰部を強打したため記憶があいまいで、搭乗員時代のことをはっきりと思い出せない。当時の厚生省にも身分を確認する書類がなく、上官である艇隊長三人は爆死しているので証明する者がいなかった。唯一生き残った竹中清作隊長は、戦後数年で病死している。生存している関東在住の搭乗員を訪ねて証明してもらうことにしたが、三浦清重を知らないと言って拒否された。

その理由の一つは、震洋隊の搭乗員は全員が予科練出身で、長崎県の川棚臨時魚雷艇訓練所で二ヵ月間の訓練を終了した者でないと採用されない。三浦牧師は応召されて、愛知県の河和航空隊に入隊後、震洋艇の訓練を受けずに、高知県の浦戸航空隊に転属している。そこから特務として手結基地の隊員となっている。特務とは、基地隊の作業員のことで特務機関ではない。

私は川口市の教会に三浦牧師をなんども訪れて、当時の記憶を呼び戻そうと試みたが、確証となる事実は出てこなかった。三浦牧師と会った後、高知県香南市夜須町の住吉部落を訪ね、全世帯を個別訪問した。戸数わずか五十戸程度、そのうち約二十戸が、戦後転入したと言った。

住吉は漁業が主で、爆発事故当時、搭乗員を助けて世話をした話は聞いたことがなく、そんなことがあれば話題になるはずだと言った。三浦牧師も三度やってきて看護された家を探したらしいが、遂に発見できなかったようだ。そのこともあって、私は二年続けてきた三浦牧師の取材を打ち切った。

戦争が終結した翌十六日に出撃命令が出て、準備中に震洋艇に火災が発生して、それを消火中に大爆発が起こり、百十一名が爆死した。海軍はなぜ出撃命令を出したのであろうか。社会一般的な常識では考えられない不条理に対して、私は腹の底から強い憤りを覚えた。

米軍側は比島・沖縄戦で、日本の震洋艇攻撃に対して〝自殺ボート〟と言って嘲笑《あざわら》った。

本土上陸作戦に備えて、黒潮の流れに沿って、百十三の基地を設置した。四国の太平洋岸だけでも十基地を建設して、一人乗りの一型艇と二人乗りの五型艇を配置した。いずれも欠陥艇が多く、それが十六日の出撃準備中に大爆発を起こしてしまった。起こるべくして起こった事故であるが、終戦翌日ということが悲劇的であった。

爆死した搭乗員はまだ十七、八歳の青年である。基地隊員と整備員の多くは、おそらく家族持ちであろう。帰郷して家族と平和に暮らす夢は、一瞬にしてわが身とともに吹き飛んでしまった。

残された遺族にとって口惜しいのは、戦後の大事故による戦死ということである。天皇の詔勅がもっと早く、陸海軍の下部組織まで徹底していたなら、百十一名は死なずにすんだのである。

問題なのは、第百二十八震洋隊の爆発事故で、誰一人として責任を取っていないことである。

さらに重大なことは、これまで政府によって原因調査が全くされたことがない事実である。

特攻隊の秘密性が、大事故を究明する道を閉ざし隠匿してしまった。当時のマスコミには一切報道されていない。

驚いたことに防衛省防衛研究所戦史室には、第百二十八震洋隊の爆発事故に関する海軍の史料はなかった。もちろん事故の査問会議も行なわず、戦後のどさくさで不問にされたと思われる。敗戦直後であれば、竹中隊長以下関係者が生存していたはずである。六十数年後の調査となると、生存者の証言を一つひとつ繋ぎ合わせるという、気の遠くなるような作業を続けなければならない。

しかし、非常に少数ではあるが、震洋隊を体験した生存者がいて証言してくれたことである。幸運なことであったが、みなさんは高齢で記憶が薄れている。何人か集まって対談することによって、ふと記憶が戻ることもある。苦しい体験を今こそ話しておこうと、元隊員に電話や手紙で確認して知らせてくれた。

生存搭乗員はじめ現地の方々の協力によって、四国における震洋隊の全体像が浮かび上がってきた。だが、これはあくまで一部であって十分なものとは言えない。これから取り組む研究者の一つのきっかけになったら幸せである。

高齢にもかかわらず、辛い過去の体験を証言していただいた搭乗員の方々のご協力を感謝している。改めてこの場を借りてお礼申し上げたい。

高知市の記録作家金井明さんには、四国の全震洋隊基地を数日間にわたって案内してもらった。これまで十数年間収集した調査資料を、惜しげもなく提供してもらった。彼の協力なしに出版は不可能であったと感謝している。
図面のレイアウトを手伝ってくれた瀧澤遼太郎君には感謝している。
ご指導いただいた大分大学経済学部の森川登美江教授にはお世話になった。
光人社編集部の方々には、特別に無理なお願いをしてご迷惑をおかけした。
全文を通じて敬称を略させていただいた。

参考文献＊『戦史叢書　本土決戦準備(1)』防衛省防衛研修所戦史室＊『戦史叢書　沖縄方面海軍作戦』防衛省防衛研修所戦史室＊『戦史叢書　海軍編本土決戦（決号作戦）』防衛省防衛研修所戦史室＊『戦史叢書　大本営海軍部・聯合艦隊(7)』防衛省防衛研修所戦史室＊『第二十一突撃隊戦時日誌』防衛省防衛研修所戦史室＊『第二十三突撃隊（呉鎮）武器引渡し』（占領軍）＊『大月町史』高知県幡多郡＊『夜須町史』高知県香南市＊『日本特攻艇戦史』木俣滋郎＊『魚雷艇学生』島尾敏雄＊『宿毛風雲録』橋田庫欣＊『還らざる特攻艇』益田善雄＊『特攻隊だった僕が　いま若者に伝えたいこと』田英夫＊『築城基地開設五十年史』＊『雄飛愛媛』雄飛会愛媛支部＊『黒潮にさく浜木綿の墓標』竹澤勉＊『海の墓標―水上特攻震洋の記録』二階堂清風＊『四国防衛軍（下）』茶園義男＊『土佐湾本土決戦史』山崎善啓＊『須崎史談』橋田庫欣＊『柏島讃歌』半谷達哉編＊『柏島讃歌補遺』半谷達哉編＊『征かざる特攻の記録』小野一・倉持信五郎＊『土佐清水にも特攻基地があった』上杉利則＊『写真集　震洋特別攻撃隊』荒井志朗編著＊『写真集　人間兵器震洋特別攻撃隊（上・下）』震洋会編＊『昭和20年8月軍機電報綴（第八特攻隊電信）』防衛省防衛研修所戦史室＊『大海令』防衛省防衛研修所戦史室＊『大島防備戦時日誌』防衛省防衛研修所戦史室＊『聯合国トノ折衝関係事務事項13』防衛省防衛研修所戦史室＊『第五航空艦隊の作戦記録』防衛省防衛研修所戦史室＊『第五航空艦隊戦闘記録』防衛省防衛研修所戦史室＊『大隅集団命令綴』防衛省防衛研修所戦史室＊『蒼空賦』乙種第十九期生会＊『救国特攻兵器（震洋編）』水上・水中特攻座談会資料＊『海への手紙』前田些代子＊『海軍水上特攻隊震洋』元就出版社＊『特攻作戦（別冊歴史読本）』新人物往来社＊『海に消えた五十六人―海軍特攻隊・徳島白菊隊』＊『特攻最後の証言』特攻最後の証言制作委員会＊『特攻』岩井忠正・岩井忠熊＊『七つボタン』上杉利則＊『堀之内芳郎手記』堀之内芳郎＊『高知二十世紀の戦争と平和』金井明＊『高知20世紀の戦争と平和』平和資料館・草の家＊『樹海（第十一号）』金井明＊『高知新聞』＊

単行本　平成二十一年四月「黒潮の夏　最後の震洋特攻」改題　光人社刊

NF文庫

最後の震洋特攻

二〇一六年一月十五日　印刷
二〇一六年一月二十一日　発行
著　者　林えいだい
発行者　高城直一
発行所　株式会社　潮書房光人社
〒102-0073　東京都千代田区九段北一-九-十一
振替／〇〇一七〇-六-五四六九三
電話／〇三-三二六五-一八六四㈹
印刷所　モリモト印刷株式会社
製本所　東　京　美　術　紙　工
定価はカバーに表示してあります
乱丁・落丁のものはお取りかえ致します。本文は中性紙を使用
ISBN978-4-7698-2928-7　C0195
http://www.kojinsha.co.jp

NF文庫

刊行のことば

第二次世界大戦の戦火が熄《や》んで五〇年——その間、小社は夥しい数の戦争の記録を渉猟し、発掘し、常に公正なる立場を貫いて書誌とし、大方の絶讃を博して今日に及ぶが、その源は、散華された世代への熱き思い入れであり、同時に、その記録を誌して平和の礎とし、後世に伝えんとするにある。

小社の出版物は、戦記、伝記、文学、エッセイ、写真集、その他、すでに一、〇〇〇点を越え、加えて戦後五〇年になんなんとするを契機として、「光人社NF（ノンフィクション）文庫」を創刊して、読者諸賢の熱烈要望におこたえする次第である。人生のバイブルとして、心弱きときの活性の糧《かて》として、散華の世代からの感動の肉声に、あなたもぜひ、耳を傾けて下さい。

＊潮書房光人社が贈る勇気と感動を伝える人生のバイブル＊

ＮＦ文庫

非情の操縦席　生死のはざまに位置して
渡辺洋二
そこには無機質な装置類が詰まり、人間性を消したパイロットが潜む。一瞬の判断が生死を分ける、過酷な宿命を描いた話題作。

不屈の海軍戦闘機隊　苦闘を制した者たちの空戦体験手記
中野忠二郎ほか
九六艦戦・零戦・紫電・紫電改・雷電・月光・烈風・震電・秋水――愛機と共に生死紙一重の戦いを生き抜いた勇者たちの証言。

終戦時宰相 鈴木貫太郎　昭和天皇に信頼された海の武人の生涯
小松茂朗
太平洋戦争の末期、推されて首相となり、戦争終結に尽瘁し、日本の平和と繁栄のいしずえを作った至誠一途の男の気骨を描く。

もうひとつの小さな戦争　小学六年生が体験した東京大空襲と学童集団疎開の記録
小田部家邦
高射砲弾の炸裂と無気味な爆音、そして空腹と栄養不足の集団生活。戦時下に暮らした子供たちの戦いを綴るノンフィクション。

ゲッベルスとナチ宣伝戦　一般市民を扇動する恐るべき野望
広田厚司
世界最初にして、最大の「国民啓蒙宣伝省」――ヒトラー、ナチ幹部、国防軍、そして市民を従属させたその全貌を描いた話題作。

戦艦大和の台所　海軍食グルメ・アラカルト
高森直史
超弩級戦艦「大和」乗員二五〇〇人の食事は、どのようにつくられたのか？　メシ炊き兵の気概を描く蘊蓄満載の海軍食生活史。